MONOGRAPHIE

DE LA

Commune d'IVIERS

Canton d'Aubenton, Arrondissement de Vervins (Aisne)

PAR

CARPENTIER

(Henry - Fernand)

Membre de la Société de Géographie de l'Aisne
et de la Société Archéologique de Vervins,
Membre Diplomé de l'Académie Sténographique
Conseiller Municipal, Notaire a Iviers

 ❊ **1896** ❊

Ouvrage Médaillé par la Société de Géographie de l'Aisne
et suivi d'un complément (1896-1900)

RETHEL

G. BEAUVARLET, IMPRIMEUR-LIBRAIRE
28, Place de la Halle, 28
—
MDCCCCI

MONOGRAPHIE

DE LA

COMMUNE D'IVIERS

Canton d'Aubenton, Arrondissement de Vervins (Aisne)

MONOGRAPHIE

DE LA

Commune d'IVIERS

Canton d'Aubenton, Arrondissement de Vervins (Aisne)

PAR

CARPENTIER

(Henry - Fernand)

Membre de la Société de Géographie de l'Aisne
et de la Société Archéologique de Vervins,
Membre Diplômé de l'Académie Sténographique,
Conseiller Municipal, Notaire a Iviers

✳ 1896 ✳

Ouvrage Médaillé par la Société de Géographie de l'Aisne
et suivi d'un complément (1896-1900)

RETHEL

G. BEAUVARLET, IMPRIMEUR-LIBRAIRE
28, Place de la Halle, 28
—
MDCCCCI

PRÉFACE

Au Lecteur,

L'homme du peuple, a dit un écrivain de talent, se trouve encore, en cette fin du dix-neuvième siècle, dans l'impossibilité de compléter son instruction par quelques notions historiques sur sa commune natale; il ignore le passé du village qui a vu naître, agir et mourir ses aïeux.

C'est dans le but de fixer et perpétuer ce passé que j'ai écrit la Monographie d'Iviers.

Puisse ce modeste travail renfermer certains documents utiles au monument que les grands historiens ne manqueront pas d'élever, plus tard, à la France d'autrefois.

CARPENTIER,

Notaire a Iviers.

25 Décembre 1896.

PREMIÈRE PARTIE

MONOGRAPHIE

DE LA

Commune d'IVIERS

Canton d'Aubenton, Arrondissement de Vervins (Aisne)

PREMIÈRE PARTIE

EMPLACEMENT — SITUATION ASTRONOMIQUE

IVIERS, qui s'est écrit Yviers (1405), Yviers-en-Thiérasse (1585), Ivier-en-Tierace (1651), Ivier (1676) et aussi Yvier (1772), est un village de l'ancienne Thiérache, l'une des subdivisions de la Picardie, province de France avant la Révolution.

Son territoire est situé entre un degré quarante-cinq minutes treize secondes (1° 45' 13") et un degré cinquante minutes trois secondes (1° 50' 3") de longitude Est, méridien de Paris, et entre quarante-neuf degrés quarante-six minutes trente secondes (49° 46' 30") et quarante-neuf degrés quarante-huit minutes cinq secondes (49° 48' 5") de latitude septentrionale ; sa longueur est donc d'environ trois kilomètres et sa largeur de cinq kilomètres. Il est limité à l'est par les territoires d'Aubenton et de Brunehamel ; à l'ouest par celui de Coingt, dont il est séparé par un chemin mitoyen entre les deux communes ; au nord par ceux d'Aubenton, de Beaumé et de Besmont ; au midi par ceux de Dohis et Cuiry-les-Iviers. Les communes d'Aubenton, Beaumé, Besmont et Coingt font, comme Iviers, partie du canton d'Aubenton, de l'arrondissement de Vervins et du département de l'Aisne, tandis que Brunehamel, Cuiry-les-Iviers et Dohis font partie du canton de Rozoy-sur-Serre et de l'arrondissement de Laon, même département.

Le territoire d'Iviers pourrait être divisé en quatre parties principales, sur la composition desquelles nous reviendrons plus loin et qui sont :

1º Iviers proprement dit ;

2º L'ancien hameau d'Aurieux ou du Haut-Rieux (haut ruisseau), au nord-ouest du village ;

3º Le hameau de Corneaux (korn-iau : corne d'eau), à l'ouest ;

4º Et enfin la section dite du Bois des Nuées, au nord-nord-ouest.

L'altitude varie entre 198 et 252 mètres. Le minimum de cette altitude se trouve au sud-ouest, un peu au-dessous de l'emplacement de l'ancien moulin de Corneaux, et le maximum au sud-est, près le chemin de Brunehamel à l'extrémité du territoire, avec les intermédiaires ci-après : le Franc Bois, 217 mètres ; le chemin d'Aubenton, 228 mètres et le chemin de Coingt, 231 mètres. On ne remarque cependant pas de collines ni de véritables plaines.

La commune d'Iviers est située à 7 kilomètres d'Aubenton, 22 kilomètres de Vervins, 46 kilomètres de Laon et 194 kilomètres de Paris.

ÉTYMOLOGIE — DÉCOUVERTES

L'étymologie du mot Iviers n'est pas bien précise.

M. Martin, dans son *Essai historique sur Rozoy*, dit que le nom Iviers dériverait du mot celtique *Yves* signifiant jument, ce qui laisserait supposer que cette localité existait déjà du temps des Gaulois. Les ressources que ceux-ci trouvaient dans les forêts pour l'élevage et la propagation de la race chevaline, dont ils s'occupaient beaucoup, les invitaient naturellement à en rapprocher leurs habitations, et Iviers a pu être alors un centre de cette industrie que rendait très facile la proximité de la forêt d'Aubenton.

Peut-être le mot Iviers est-il un dérivé du kymrique *Yw*, if, dont la forme germaine était *Ywœ*. Il se pourrait que le sol d'Iviers fut autrefois planté d'ifs, si pas entièrement au moins en partie, et l'on sait que le feuillage de l'if, mélangé avec l'avoine et le fourrage, est encore aujourd'hui donné aux chevaux et bestiaux par les Hessois et les Hanovriens, descendants des Germains, ce qui n'ôteraient rien, au contraire, à la présomption qu'Iviers existait du temps des Gaulois et était un pays d'élevage.

M. Mennesson, dans ses Recherches étymologiques sur les noms des lieux de l'arrondissement de Vervins, fait dériver Iviers du roman *iauve, iave*, eau, parce que ce village est situé sur un ruisseau.

Quoi qu'il en soit, il est à peu près certain qu'Iviers existait au temps de la Gaule indépendante ; les découvertes dont nous allons parler prouvent que son territoire a été foulé par les Gallo-Romains et que les dieux de l'antiquité y ont eu leurs adorateurs et probablement leurs temples.

Lors du défrichement, en 1852, d'une partie du Bois des Nuées, des bûcherons, qui abattaient un chêne plusieurs fois séculaire, mirent à jour une dizaine de petites statuettes dont deux purent être sauvées et déposées au musée de Laon. L'une d'elles, dit M. Bercet dans ses Notices, est faite de terre devenue blanche au feu ; elle mesure onze centimètres de hauteur et représente, assise dans un fauteuil, une femme dont malheureusement la tête a disparu. Cette femme tient dans ses bras un enfant qui tète ; elle est couverte d'un large manteau tombant sur ses pieds chaussés de souliers pointus. Sur l'espèce de socle du fauteuil qui semble fait de roseaux serrés, on lit *Isis, Isi*, mots tracés à la pointe sèche. C'est donc incontestablement une statue d'Isis, considérée dans le paganisme comme le mythe de la fécondation universelle. La seconde des statuettes conservées est une Vénus anadyomène (qui sort de l'eau), Vénus, d'après la fable, ayant été formée de l'écume de la mer et des parties mutilées de Cœlus. Cette statue a quatorze centimètres de hauteur et est entièrement nue ; elle porte une abondante chevelure qu'elle soutient de la main droite ; de la gauche, elle relève une draperie.

La deuxième et non moins importante découverte, dit le même auteur, a eu lieu en décembre 1873 sur la portion défrichée du Bois des Nuées. La charrue a soulevé de nombreux débris provenant d'anciennes constructions d'origine gallo-romaine ; tous ces débris portent la trace du feu. Plusieurs centaines de monnaies, soit en potin soit saucées, sont aussi sorties du sol ainsi que deux meules romaines. Ces monnaies de dépassant guère l'année 290, à partir de laquelle les Barbares commencèrent à se ruer sur la contrée, c'est vers cette époque que la destruction a dû avoir lieu. Une visite attentive des lieux porte même à affirmer que les habitations s'étendaient sur un espace de plusieurs kilomètres.

Une troisième découverte, de moindre importance que les précédentes, a encore été faite en 1895 au nord du Bois des Nuées, au lieudit *la Femme enterrée*. Sous les racines d'un chêne séculaire, on trouva des débris de constructions anciennes d'origine gallo-romaine ; ces débris portaient aussi la trace du feu.

DIVISION TERRITORIALE

Le territoire d'Iviers n'était en 1791, d'après une déclaration faite par la municipalité, qu'une langue de terre appuyée sur la forêt d'Aubenton. La reconnaissance parcellaire en a été terminée le 2 août 1826 ; il a été cadastré en 1828 et divisé en trois sections, savoir :

La section A, dite de Corneaux, contenant 1164 numéros d'ensemble 244 hectares 90 ares 07 centiares, et dont les lieudits sont : le Neudet, le Gouffre, la grande Haye, le Cerisier, l'Epine, la Briqueterie Féré, la Poterie, les Etots, la Borne, le Grand Faux, le chemin du Bois, les Prés Harengs, les Bas Prés, la Marnière, la Fontaine aux Agneaux, le Chemin d'Iviers, la Briqueterie, le fossé Dringat, les Longues Royes, la Fontaine du Rémolu, le Chemin de Cury, Derrière les Haies, la Voie de Canne, le Poirier Gilqueron, le Moulin de Corneaux, Au dessus du Franc Bois, le Franc Bois, les Peupliers, Au dessous de la Forge, les Prés Cranières, la Fontaine Chovin, le Pommier Rembourt ;

La section B, dite d'Aurieux, contenant 1236 numéros d'ensemble 284 hectares 40 ares 11 centiares, et dont les lieudits sont : le Bois des Nuées, la Poterie Féré, le Pré à la fourche, le Cervelas, le Profond, la Sente du Profond, la Grande Haye, le Pré Sainte Marie-Madelaine, En montant au Bois, le Pré au Chêne, le Coin de la Réserve, la Réserve, la Champenoise, le Holneudet, la Tenure, la Rue Mandet, Près la Place, la Rue de la Blonde, A l'ouest de la Rue de la Croix, A l'ouest du chemin de Martigny, le Pachy, la Rue de l'Eglise, le Moulin à Vent, la Haye Pierre, la Ruelle du Puits, la Prairie de la Goutte d'Or, les Anes, le Chemin d'Aurieux, le Gouffre, la Rue de Bas, le Fossé Bury, la Cense Bouchart, le Chemin du Moulin du Bois, le Bois Laplace, les Aviots, le Buisson Laurent, Aurieux.

La section C, dite des Echevets[1], contenant 867 numéros d'ensemble 215 hectares 35 ares 02 centiares, et dont les lieudits sont : le chemin des Leups, la Prairie de la Robinette, la Robinette, le Pré Chanoine, la Prairie du Chemin d'Aubenton, le Sourd, la Carnière, le Bois Monsieur, le Chemin d'Aubenton, le Chemin de

---

1. L'ancien mot « eschever » signifiait approfondir, creuser ; on appelait « Echevel » un chemin creux, encaissé.

l'Abbé[1], la Chaussette, A l'est du Chemin de Martigny, les Eche-
vets, la Haye Marie Paris, la Hutte Margot, la Prairie du Blanc
Chêne, le Blanc Chêne, le Chemin de Brunehamel, la Prairie des
Echevets, le Clos de l'Eglise, la Rue de la Croix.

Ces trois sections ont donc une contenance réunie de 744 hectares 55 ares 20 centiares, soit près de 2500 jallois d'ancienne
mesure locale, qui, lors de l'établissement du cadastre, se décom-
posaient ainsi :

Terres labourables.	429	hectares,	92	ares,	90	centiares
Prés...............	117	»	02	»	40	»
Bois...............	116	»	41	»	90	»
Jardins, etc.......	81	»	18	»	»»	»

Les anciennes mesures de superficie en usage dans le pays con-
sistaient, pour le Bois des Nuées et une partie du hameau de Corneaux, en : la *verge* de 448 milliares, le *pugnet* de 20 verges ou
8 ares 98 centiares, le *quartel* de 40 verges ou 17 ares 95 centiares,
le *jalloi* ou *jaloi* de 80 verges ou 35 ares 91 centiares, la *fauchée*,
terme dont on ne se servait qu'en parlant des prés, de 100 verges
ou 44 ares 88 centiares et le *muid* de 4 hectares 30 ares 92 centiares ; tandis que, pour le reste du territoire, elles comprenaient :
la *verge* de même contenance que ci-dessus, le *pugnet* de 16 verges 2/3 ou 7 ares 48 centiares, le *quartel* de 33 verges 1/3 ou 14
ares 96 centiares, le *jalloi* de 66 verges 2/3 ou 29 ares 92 centiares
et l'*arpent* de 100 verges ou 44 ares 38 centiares. Les expressions
jalloi, quartel et *pugnet*, que nous aurons l'occasion de rappeler
dans le cours du présent ouvrage, étaient aussi employées pour les
mesures de capacité et représentaient respectivement 66 litres, 33
litres et 16 litres et demi[2].

1. Ce serait plutôt, à notre avis, le chemin de l'Abée ou de la Bée qu'il faudrait
écrire. Abée ou Bée est un vieux mot conservé par nos dictionnaires modernes qui le
définissent « ouverture par laquelle coule l'eau qui fait marcher ou mouvoir un
moulin ». Or, vers le chemin de l'Abée se trouve précisément la source de la rivière
Goujon, dont nous parlerons au cours de cet ouvrage, sur laquelle existait jadis un
moulin. Peut-être aussi ce lieudit était-il autrefois le chemin de « l'abbaye », conduisant d'Iviers à Bonnefontaine, et dont le parler bref des habitants aurait fait le chemin de « l'abbé ».

2. Outre ces diverses mesures de capacité, nous croyons devoir signaler celles
ci-après dont nous avons trouvé l'indication dans une note écrite, très certainement
par un étudiant de l'époque, sur la couverture d'un acte de l'année 1699, et dont voici
la copie textuelle : Le muid de sel se divise en douze septiers ; le septier en quatorze minots ; le minot en demy et en quarts ; le quart en seize litrons. Le muid de
bled contient aussi douze septiers ; le septier deux mines ou douze boisseaux. Le muid
de vin, mesure de Paris, contient cent cinquante quartes ou trois cents pintes mar-
et lie, et deux cent quatre-vingts pintes de vin clair ; la quarte deux pintes ; la pinte
deux chopines ; la chopine deux demy-septiers.

Ainsi que nous l'avons dit, le territoire d'Iviers peut êtredivisé en quatre parties principales.

La *première partie,* Iviers proprement dit, comprend l'ensemble des rues qui se trouvent autour de l'église : la Grand'rue ou rue de l'église — anciennement rue haute — qui a servi, avec la rue de la Blonde, à l'établissement (1845-1848) de la route départementale numéro 16, aujourd'hui chemin de grande communication numéro 116, qui traverse le village du sud-est au nord-ouest ; la rue de la Croix, dont le prolongement prend le nom de chemin de Martigny et se dirige sur Besmont et Beaumé avec à droite, un embranchement sur Aubenton et, à gauche, une bifurcation sur Aurieux ; la rue de la Blonde, se dirigeant vers Brunehamel et ainsi nommée à cause de la rivière qui la traverse ; les Echevets ; la rue du Puits ou du Moulin, qui conduisait autrefois au moulin à vent d'Iviers ; la rue Mandet où, en 1630, habitait un sergent et garde bois qui lui a donné son nom ; la Place, traversée par la rivière qui y forme un abreuvoir lequel est muni d'une vanne ; enfin la rue de Bas qui se dirige vers Corneaux. Cette dernière rue, la Place et la rue Mandet, se trouvent dans la vallée au fond de laquelle coule la Blonde ou rivière d'Iviers ; elles sont reliées à la rue de l'église et à la rue de la Blonde par le chemin d'intérêt commun d'Iviers à Cuiry-les-Iviers, désigné autrefois sous le nom de ruelle de la Fontaine à la pierre ou de rue du Cul de sac et aujourd'hui sous celui de rue du Gouffre, le chemin vicinal d'Iviers à Dohis — anciennement ruelle de l'église — et deux ruelles abruptes : la ruelle du Château et la ruelle Jablot ou Bablot comme on l'appelle actuellement. Le quadrilatère formé par l'extrémité des ruelles Bablot et du Château, la rue Mandet et la rue du Puits, et dans lequel se trouve située la Place, était jadis dénommé « le Carrefour », ainsi que nous l'indiquent divers écrits, notamment un acte authentique du 3 septembre 1707.

La *deuxième partie,* dite d'Aurieux ou du haut Rieux, était encore en 1801 un hameau tout à fait séparé du centre du village auquel il se rattache aujourd'hui par suite de la construction de la route départementale ou chemin de grande communication qui le traverse. Bien que la réunion soit déjà ancienne, les habitants disent toujours couramment : aller à Iviers ou à Aurieux, revenir à Aurieux ou à Iviers.

Aurieux est relié à la rue de Bas par la rue de la Vieille Poterie, ainsi nommée parce qu'autrefois il y existait une fabrique de produits céramiques, et à la rue de la Croix par un chemin rural en

très bon état[1]. A Aurieux se rattachent le sentier connu sous le
nom de chemin du Bois, qui conduit au Bois des Nuées, l'ancien
chemin du moulin Goujon et une maison isolée, dénommée « Sébastopol », sur la route 116 ; cette maison est la seule qui reste de
plusieurs qui existaient en cet endroit et ont été détruites par un
incendie vers l'année 1856.

La *troisième partie* comprend le hameau de Corneaux à quinze
cents mètres du village. Cette partie, à laquelle on arrive par le
chemin qui forme le prolongement de la rue de Bas, possède,
comme nous le verrons plus loin, une maison d'école et une église ;
trois autres chemins y donnent également accès : le chemin de
Cuiry, le chemin de Ringeat ou de Coingt et le chemin qui part de
la route numéro 116. La Place de Corneaux, emplacement de la
« Cense » qui y existait autrefois, est assez grande et fort en pente.

A cause de son importance et de la distance qui le sépare du
centre du village, les habitants de ce hameau, actuellement au
nombre de 120, ont, à plusieurs reprises, essayé d'arriver à le
faire ériger en commune distincte, mais le 31 octobre 1875 est
intervenue, entre les conseillers municipaux d'Iviers et de Corneaux,
une transaction aux termes de laquelle la demande en séparation
formée alors par le hameau de Corneaux contre le chef-lieu de la
commune, était et demeurait abandonnée et annulée. Depuis cette
époque aucune idée séparatiste ne s'est manifestée ouvertement.

Enfin la *quatrième partie*, le Bois des Nuées, ne comprend
qu'une ferme herbagère et ses dépendances d'environ 87 hectares
de pâturages, 3 hectares de terre et 6 ares de bosquet, le tout
d'un seul tenant. Elle est occupée par M. Miquet, qui en est
devenu propriétaire en 1892, et est reliée à la route 116 par un
chemin particulier en très bon état.

Au moment de la Révolution le Bois des Nuées dépendait du
comté de Bancigny. A cette époque, lors de la division des territoires, un différend s'éleva entre les communes d'Iviers et de
Dohis ; cette dernière commune revendiquait la propriété du Bois
des Nuées comme faisant autrefois partie du fief de Dohis ; Iviers
ne l'entendait pas ainsi. Les municipalités de Brunehamel et de
Jeantes furent choisies pour arbitres et, le 25 avril 1791, « s'étant
» rendues sur les lieux et ayant examiné les motifs que faisaient
» valoir les deux communes pour élever leurs prétentions respec-
» tives », leurs membres décidèrent en faveur d'Iviers, à l'unani-
mité moins une voix.

1. Chose assez curieuse : sur dix logements existant actuellement dans ce chemin,
sept sont occupés par des veuves.

COMMUNICATIONS

Les chemins entretenus à l'état de viabilité dans la traversée du village ou sur le territoire d'Iviers ont une longueur totale de douze mille quatre cent quarante-et-un mètres.

La route numéro 116 est bordée d'arbres dont l'administration vient de décider la suppression (1896) ; ils seront mis en vente très prochainement et abattus. Les amateurs de pittoresque verront avec regret la disparition de cette double rangée de peupliers qui flatte si agréablement la vue ; par contre, les cultivateurs, qui ont pétitionné pour que l'on en fasse l'abatage, seront enchantés, paraît-il, de se voir débarrassés de tous ces arbres dont la présence cause, dit-on, un préjudice considérable aux propriétés riveraines.

Si les communications sont assez faciles par les routes belles, nombreuses et bien entretenues qui existent à Iviers, il n'en est pas de même en ce qui concerne les chemins de fer ; sous ce rapport la commune n'est pas favorisée. La gare la plus rapprochée est celle d'Aubenton, distante de 7 kilomètres, sur la ligne d'Hirson à Amagne ; puis viennent : la gare de Martigny, distante de 9 kilomètres, sur la même ligne ; la gare de Rozoy-sur-Serre, distante de 9 kilomètres, sur la ligne de Laon à Liart ; la halte de La Bouteille, distante de 15 kilomètres, sur la ligne d'Hirson à Laon. Ce manque de communications rapides a contribué puissamment à enlever à Iviers les quelques industries qui y florissaient précédemment.

Avant l'ouverture de la ligne d'Hirson à Amagne (1885), une voiture publique faisait journellement le service des voyageurs de Brunehamel à Vervins, en passant par Iviers et Plomion ; depuis cette époque, elle ne fait plus que le trajet de Plomion à Vervins.

SITUATION ADMINISTRATIVE

Iviers faisait autrefois partie de la *Généralité* de Soissons, elle-même comprise dans la division financière du même nom, et des *Election* et *Bailliage* de Laon. La Généralité de Soissons avait été établie par un édit de novembre 1595 ; elle était divisée en sept Elections comprenant vingt-deux *Subdélégations* ; Iviers dépendait de la Subdélégation de Rozoy.

Cette situation, comme celle de toute la France du reste, fut modifiée par un édit de juin 1787 qui constitua dans chaque Généralité une *assemblée provinciale* ; dans chaque chef-lieu d'Election une *assemblée d'élection*, et dans chaque localité une *assemblée municipale* dont étaient membres de droit le maire et le seigneur.

Le 15 janvier 1790, l'Assemblée constituante supprima l'ancienne division et la remplaça par la division en départements. Chaque département était divisé en districts (arrondissements), cantons et municipalités (communes). Iviers fit alors partie du canton d'Aubenton, du district de Vervins et du département de l'Aisne.

La loi du 18 décembre 1789 avait établi dans chaque localité un Conseil municipal présidé par un maire ; en vertu de la loi du 24 fructidor an III il n'y eut plus qu'une administration municipale par canton. Le maire, dans chaque commune, fut remplacé par un agent municipal ; la réunion de ces agents, qui avaient la faculté de se faire remplacer par leurs adjoints, formait la municipalité du canton ; les administrations des districts furent ensuite supprimées. La municipalité du canton, appelée aussi *conseil cantonal*, fut elle-même supprimée par la loi du 28 pluviôse an VIII. Chaque commune eut alors une municipalité distincte composée pour Iviers, d'un maire, un adjoint et six conseillers municipaux tous nommés par le Préfet. Une autre loi, du 21 mars 1831, rendit à l'élection des citoyens la nomination des conseillers municipaux, ·mais le maire et l'adjoint continuèrent à être nommés par l'administration préfectorale. Cet état de choses ne fut modifié que par la loi du 30 mars 1884, promulguée le 5 avril suivant, qui imposa aux conseils municipaux l'obligation de choisir et nommer eux-mêmes et parmi leurs membres, au nombre de douze à Iviers, le maire et l'adjoint composant la municipalité de la commune.

Voici la composition de la municipalité et du Conseil municipal d'Iviers à la suite des élections générales du mois de mai 1896 : maire : M. Maupetit, Isidore, cultivateur ; adjoint au maire : M. Gervais, Arsène, fabricant de sabots ; membres du Conseil, par ordre alphabétique : MM. Blin, Emile, cultivateur ; Carpentier, Henry-Fernand, notaire ; Chappellart, Jules, bourrelier ; Codos, Oscar, cultivateur ; Dervin, Donat, cultivateur ; Floquet, Méril, cultivateur ; Fossier, Alphonse, propriétaire ; Guerbet, Albert, cultivateur ; Lamy, Jules, cultivateur ; Philippot, André-Théodore, aubergiste.

Nous avons, en outre, dressé la liste suivante des maires et agents municipaux d'Iviers, depuis la Révolution jusqu'aujourd'hui :

1790, Valtier, Jean-Baptiste ; 1791, Guiot, Philippe ; 1792-1794, Caron, Jacques-Joseph ; 1795-1798, Valtier, Jean-Baptiste ; an VI,

Picart, Jean-Baptiste ; an VIII, le même, maire provisoire ; an IX —
1806, Guerbet, Pierre ; 1806-1813, Picart, Jean-Baptiste ; 1813-
1819, Thiébault, Jean-Nicolas ; 1819-1830, Dez, Pierre ; 1830-1836,
Cheyer, Jean ; 1836-1838, Legros, Jean-Baptiste ; 1838-1842,
Thiébault, Félix ; 1842-1843, Legros, Joseph, premier conseiller
municipal remplissant les fonctions de maire ; 1843-1847,
Prudhomme, Etienne-Marie-Joseph ; 1848-1855, Huet, Pierre-
Louis ; 1855-1860, Doré, Désiré-François-Joseph ; 1860-1871,
Huet, Pierre-Louis ; 1871-1874, Jacquet, Jean-Nicolas ; 1874-1884,
Chappellart, Théodore ; 1884-1885, Codos, Paul-Charles ; 1885-
1896, Lerouge, Alphonse ; 1896, Maupetit, Isidore, maire actuel.

Les registres de l'état-civil sont tenus par l'instituteur de la
commune qui remplit les fonctions de secrétaire-greffier de la
mairie au traitement annuel de deux cent vingt-cinq francs. Ce
traitement n'a pas toujours été aussi élevé. Le 4 avril 1819, en effe',
le Conseil municipal d'Iviers nommait l'instituteur Dubois comme
secrétaire-greffier aux appointements annuels de *quarante francs*,
à la charge par ce dernier « de livrer une chambre chez lui pour
» servir de chambre commune pour tenir les séances » et, en
outre, « de fournir les bois, chandelle et papier nécessaires pour
» ladite fonction ».

Sous le rapport des contributions directes, la commune d'Iviers
était, en vertu de la loi du 5 ventôse an XII créant cette administration, le siège d'un arrondissement de perception comprenant
les communes d'Iviers, Coingt, Mont-Saint-Jean et Saint-Clément.
L'annuaire du département de l'Aisne de 1819 nous dit qu'à cette
époque, M. Tellier était percepteur résidant à Iviers. Vers le milieu
du siècle, la perception d'Iviers fut supprimée et réunie en partie
à celle d'Aubenton. Aujourd'hui Iviers dépend de la perception de
Jeantes-la-Ville. Le percepteur se rend à Iviers le 7 de chaque
mois ; cependant, à partir de l'année 1897 son jour de perception
sera modifié et fixé au deuxième lundi de chaque mois.

Les contributions indirectes ont un bureau auxiliaire à Iviers.
L'impôt sur les boissons n'est pas nouveau ; Martin, dans son
Essai sur Rozoy, relate l'existence d'un « registre des *quatrièmes*
» des vins vendus à détail au diocèse de Laon pour commencer
» le 1ᵉʳ octobre 1405 dont Adam de Blois, receveur des aides du-
» dit diocèse, a fait la recette en la manière qui s'ensuit : La
» doyenné de Vervins.... Iviers 5 livres »[1]. Le même auteur cite

---

1. La livre tournois valait vingt sols, ou un franc de notre monnaie actuelle ; le
sol douze deniers, ou cinq centimes.

encore le « registre des impositions de toutes denrées, excepté
» vin et sel, pour un an à compter du 1ᵉʳ octobre 1410 » dans lequel
Iviers est porté pour 5 livres ; puis enfin un troisième document
qui est « l'assiette faite en 1413 par les élus de l'aide imposée en
» forme de taille sur le diocèse de Laon, montant à seize mille
» livres tournois pour remettre à l'obéissance du roi plusieurs
» sujets rebelles..... » Iviers y est compris pour 16 livres.

Parmi les communes classées dans la deuxième zône pour la
vente des tabacs, se trouve Iviers où il existait, avant et au
moment de la Révolution, un poste des fermes du roi.

En ce qui concerne le service postal et télégraphique, Iviers est
desservi par le bureau de Brunehamel, distant de 3 kilomètres
500 mètres. Originairement le facteur ne faisait qu'une distribution et une levée de boîte à midi, après avoir visité les villages de
Dohis et Cuiry-les-Iviers. En 1886, à la demande des habitants
d'Iviers, l'administration décida que la tournée du facteur se
ferait par Iviers, Cuiry-les-Iviers et Dohis, et qu'une levée serait
faite à Iviers le matin à neuf heures et une autre à une heure de
l'après-midi ; on avait ainsi le temps de répondre le jour même
aux lettres reçues le matin. La commune de Dohis, qui, au lieu
d'avoir sa distribution à neuf heures ne l'avait plus qu'à midi par
suite de la décision ci-dessus, se soumit pendant quelques années
à la nouvelle situation qui lui était faite mais, au mois d'août 1893,
demanda, par l'intermédiaire du conseiller général du canton de
Rozoy-sur-Serre, le rétablissement des choses dans leur état primi-
tif ; la municipalité d'Iviers, consultée à cet effet, n'avait, paraît-il,
fait aucune objection à ce sujet. C'est alors que Mᵉ Carpentier,
notaire, fit signer, le 8 septembre 1893, une protestation par trente
et un des principaux commerçants et habitants d'Iviers, et fit personnellement des démarches pour arriver à conserver à la commune le peu de liberté postale qu'elle possédait. Cette protestation
et ces démarches réussirent et Iviers continue à recevoir la première visite du facteur et à avoir deux levées de boîte.

L'assistance médicale gratuite, établie par la loi du 17 juillet
1893, fonctionne régulièrement à Iviers où la liste comprend vingt-
cinq indigents, ou réputés tels, pour lesquels la commune paie
annuellement une somme de deux francs par personne.

Il n'existe pas de Bureau de Bienfaisance à Iviers.

En ce qui concerne le service de la protection des enfants du
premier âge, Iviers se trouve placé dans la circonscription de
Brunehamel.

Le canton d'Aubenton élit un Conseiller d'arrondissement et un Conseiller général. L'arrondissement de Vervins est divisé en deux circonscriptions qui élisent chacune un député. Iviers fait partie de la première de ces circonscriptions. Le département de l'Aisne a droit à quatre sénateurs qui sont nommés par des délégués élus par les Conseils municipaux ; le nombre de ces délégués s'élève à deux pour Iviers.

SITUATION JUDICIAIRE

Sous le rapport judiciaire Iviers est du ressort du Tribunal de Paix et de simple police d'Aubenton, du Tribunal de première instance et correctionnel de Vervins, du Tribunal de Commerce de Vervins et de la Cour d'Appel d'Amiens. Le siège de la Cour d'Assises est à Laon où il existait, au commencement du siècle, une cour prévôtale qui a été supprimée en 1818.

Iviers est placé sous la surveillance de la brigade de gendarmerie à cheval d'Aubenton et possède un garde-champêtre dont le traitement annuel fixe est de quatre cent cinquante francs.

Nous avons fait le relevé suivant des gardes-champêtres de la commune depuis la Révolution, c'est-à-dire depuis leur institution :

1792, Richart Jean-Baptiste ; 1815 à 1826, Picart Jacques ; 1826 à 1832, Dufour Charles-Louis ; 1832 à 1843, Dufour Jean-Louis, fils du précédent ; 1843 à 1855, Jacquet Nicolas ; 1855 à 1892, Valtier Ferdinand ; 1892 à 1894, Broutin Charles ; 1894, Duchêne Eugène, garde actuel.

SITUATION MILITAIRE

De 1543, année où fut construite la forteresse de la Capelle, jusqu'en 1674, Iviers dépendit du gouvernement de la Capelle. Il n'y a pas que dans les archives d'Iviers que l'on trouve mention de cette dépendance ; les archives de la justice de Prémont, canton de Bohain-en-Vermandois, renferment en effet une vente, en date du 7 février 1651, faite d'un jardin audit Prémont, par Paul Priolet « thellier de son stil, demeurant au village d'Ivier en Tierace » du gouvernement de la Capelle ».

En 1674, la forteresse ayant été démolie, ce gouvernement fut supprimé et fit partie du gouvernement militaire de Vervins. En

1752 ce dernier fut réuni à celui de Rocroi. Parmi les miliciens d'Iviers levés quelques années avant cette réunion, citons : Jacques-Joseph Jacquet, Jean-Baptiste Thiébault et Louis Richart, soldats de la compagnie de Lamer au régiment de la milice de Laon, tous trois décédés à l'hôpital militaire de Thionville les 18-23-25 décembre 1743.

Pendant la Révolution et sous la première République les soldats d'Iviers, volontaires et autres, furent incorporés à l'armée du Nord dont le courage et le dévouement ont été constatés par différentes lois, notamment celle du 11 messidor an II portant que « les armées du Nord, des Ardennes et de la Moselle ne cessent de bien mériter de la Patrie et qu'elles se nommeront désormais Armée de Sambre et Meuse ».

Actuellement Iviers fait partie de la deuxième région militaire, comprenant le deuxième corps d'armée dont le quartier général est à Amiens, et de la subdivision de région ou recrutement de Saint-Quentin.

La commune d'Iviers se trouve placée à 16 kilomètres au midi du fort d'Hirson, à 27 kilomètres au nord du camp établi en 1896 à Sissonne, et à 46 kilomètres au nord-est de la citadelle de Laon. La frontière belge n'est distante que de 24 kilomètres.

Il existe à Iviers une section de sapeurs-pompiers composée de vingt hommes sous les ordres d'un sous-lieutenant, laquelle section a à sa disposition une seule pompe à incendie.

SITUATION RELIGIEUSE

Iviers faisait autrefois partie du diocèse de Laon et du doyenné ou détroit de Vervins : il fait aujourd'hui partie du diocèse de Soissons, de l'archiprêtré de Vervins, et du doyenné d'Aubenton.

Toute la population est catholique, mais le protestantisme a eu à Iviers quelques adeptes puisque, le 24 novembre 1685, il en existait dix-sept dont nous donnerons la liste au titre : *La cure et les prieurs et curés*. Il en existait aussi beaucoup dans la contrée car, dans un synode des provinces de Thiérache, Picardie, Cambrésis, Orléanais et Berry tenu à Bohain-en-Vermandois du 26 novembre 1779 au 5 décembre suivant, la Thiérache était représentée par huit membres.

CLIMAT

Le climat d'Iviers tient le milieu entre le Séquanien ou de la Seine (tempéré) et le Vosgien (froid). Il est un peu humide et sujet à de brusques variations ; l'air y est cependant toujours pur à cause du voisinage de la forêt ou haie d'Aubenton qui, soit dit en passant, constitue un but charmant de promenade lors de la belle saison.

Les pluies ont déjà occasionné des dégats à Iviers et le froid s'y est fait quelquefois bien sentir ; nous allons relater ici les principaux évènements météorologiques dont Iviers et ses environs ont été plus spécialement témoins :

L'hiver de 1480 fut terrible ; les gelées durèrent neuf mois.

Le 23 août 1504 un tremblement de terre fut ressenti à Iviers et dans toute la région, à Aubenton, Guise, Saint-Quentin, Laon et Mézières.

L'hiver de 1670-71 a été excessivement rigoureux, et, le 3 février 1671, Catherine Caron fut enterrée dans l'église d'Iviers « parce » que la trop grande gelée empêcha d'ouvrir la fosse dans le cime- » tière ». Le 11 janvier 1677 Jeanne Blanche fut aussi inhumée dans l'église « à cause de la difficulté de fossoyer dans le cimetière » par la trop grande gelée ».

En l'année 1708 les pluies continuelles firent perdre plus de la moitié des récoltes en blé et plus des deux tiers des récoltes en avoine ; l'hiver qui suivit fut désastreux.

L'année 1740 parait avoir été mauvaise sous tous les rapports. Le prieur d'Iviers en a fait, sur les registres de la paroisse, la mention ci-après que nous transcrivons textuellement :

« L'an 1740, le froid a été excessif le neuf, le dix et le onze jan- » vier, et cela par toute l'Europe, et on peut dire que l'hiver n'a » pas discontinué ; le dix-huit et le vingt may il est encore tombé » des neiges abondamment ; aucun fruit de la terre n'est venu en » perfection ; la récolte des bleds qui a été très petite n'étoit pas » encore achevée en ce païs a la toussaint ; les gelées qui se sont » fait sentir rudement dès le sept d'octobre ont forcé d'avancer la » vendange quoyque le raisin ne fut pas en maturité, ainsi très » peu de vin et très mauvais. Après ce dérangement en est venu » un autre ; dans les mois de novembre et de décembre il y a eu » des inondations effroïables et telles que l'histoire n'en marque » pas de pareilles et aucun homme ne peut dire avoir veu rien de » semblable. A Monthermé, près Charleville, les eaux qui étoient

» monté dans l'église il y a cent ans jusqu'aux pieds du crucifix
» sont monté jusqu'a la bouche ; a Florence en Toscane les eaux
» de la rivière de l'Arno ont monté dans la ville jusqu'a quarante
» pieds de hauteur ; au commencement de décembre, toutes nos
» rivières en France ont débordé a proportion, ce qui a causé des
» pertes immenses. Dieu nous préserve à l'avenir de pareils
» malheurs......... »

Le 13 juillet 1788 une grêle générale en France a fait énormément de dégats. Quoique les registres d'Iviers n'en fassent aucune mention, nous croyons devoir donner ici la copie textuelle de la relation qui en a été faite par M. de Vermont, curé de Fresnoy-le-Grand, sur les registres de cette dernière paroisse :

« Le dimanche 13 du mois de juillet 1788 vers les onze heures du
» matin, il s'est élevé un orage terrible venant du sud ; la pluye,
» la grêle, le vent et le tonnerre ont fait un ravage effroyable dans
» une grande partie de la France ; peu de provinces ont été épar-
» gnées de ce fléau ; la grêle principalement en a dévasté une
» grande partie ; les bleds et les autres denrées ont été entière-
» ment perdus dans beaucoup d'endroits, dans d'autres à moitié
» et dans certains autres au tiers et au quart ; les villes et les
» grandes maisons ont souffert des dommages considérables ; les
» ardoises et les vitres ont été fracassées. La misère est devenue des
» plus grandes, le prix du bled est devenu excessif et pour comble
» de disgrâce, l'hiver a été le plus long et le plus rigoureux que
» l'on ait jamais vu ; joint à tout cela le mauvais état des affaires du
» Royaume, qui est cause que le Monarque ne peut donner à son
» peuple le soulagement à de si grands maux. La misère est à son
» comble ; Dieu veuille y mettre fin et nous bénir tous. Amen ».

L'ouragan du 17 juillet 1865 culbuta le moulin à vent de Corneaux et déracina un grand nombre d'arbres.

Celui du 12 mars 1876 occasionna d'importants dégats aux arbres fruitiers qui n'ont cependant pas eu trop à souffrir du terrible hiver de 1879-80 grâce à la forêt d'Aubenton qui leur a servi d'abri naturel contre les vents du nord.

L'hiver de 1890-91 fut excessivement froid et neigeux ; les communications avec le dehors furent pendant plusieurs jours tout à fait interrompues.

Le 12 novembre 1894 une trombe de vent passa sur le village et fit s'écrouler une grange située en face le presbytère.

L'été de 1896 a été très sec à Iviers où, dans une période de près de trois mois, il n'y a eu que trois jours de pluie. Par contre,

les mois de septembre et octobre ont été venteux et pluvieux à
tel point que, dans la contrée, certaines avoines n'ont pu être
récoltées.

SOL

La terre végétale composant la superficie du sol à Iviers est, en
général, d'une épaisseur minime qui n'atteint quelquefois que
quelques centimètres. Dans sa composition on trouve la craie
mélangée de rognons de silex qui, par la désagrégation des parties
crayeuses, finissent par se trouver en grandé quantité sur le sol.

Dans certains endroits, notamment sur toute la hauteur longeant
la route numéro 116 dans la traversée du village, le sous-sol est de
très beau sable blanc propre pour la construction mais dont,
jusqu'à présent, on n'a fait que fort peu d'usage ; dans d'autres
endroits il est de sable rougeâtre ; partout ailleurs le sous-sol est
de formation argileuse. Cette argile, presque pure et de couleur
bleuâtre, que l'on appelle vulgairement *terre potasse,* est absolument imperméable et a donné naissance à de nombreuses sources
et fontaines.

L'ensemble de la composition du sol d'Iviers nous montre que le
terrain n'est pas propre à fournir des produits de premier choix.

FONTAINES

Ainsi que nous venons de le dire, il existe à Iviers beaucoup de
fontaines dont les principales sont celles de : Aurieux, la Robinette, les Echevels, la rue de Bas, la rue Mandet, le chemin de
Cuiry, le chemin de Corneaux et Corneaux. Dans un acte public de
l'année 1663, nous voyons que la fontaine qui alimente le ruisseau
d'Aurieux portait, à cette époque, le nom de « fontaine Thiébaux ».

Divers travaux d'aménagement ont été faits à plusieurs de ces
fontaines qui, de temps immémorial, servent de lavoirs publics.
Rien n'est plus pittoresque que ces lavoirs ; ils se composent uniquement d'un bac de trois à six mètres de longueur, formé d'un
demi tronc d'arbre creusé, qui reçoit à l'une de ses extrémités l'eau
qui s'échappe ensuite par l'autre. C'est là que les ménagères vont
faire ou achever la lessive ; elles n'ont que l'embarras du choix
car l'accès de ces lavoirs, communément appelés « fontaines », est
entièrement libre.

Le nombre de ces fontaines-lavoirs est de huit qui sont situées savoir : une à Aurieux ; une, qui portait autrefois le nom de « fontaine Maran », aux Echevets ; une en la rue Mandet ; deux en la rue de Bas dont l'une, munie d'un auvent, était autrefois dénommée « fontaine Sonnette » et l'autre connue sous le nom de « fontaine à la pierre » ; une, que l'on a baptisée du nom significatif de « la Folie », sur le chemin de Corneaux, et deux à Corneaux.

L'une de ces fontaines portait, au moment de la Révolution, le nom de « fontaine pupiot » et le 5 nivôse an II (26 décembre 1793) eut lieu la mise en adjudication des réparations à y faire ; malgré nos recherches nous n'avons pu savoir à laquelle des fontaines d'Iviers s'appliquait cette dénomination.

RIVIÈRES

Iviers et son territoire sont traversés, de l'est à l'ouest, par une rivière non navigable ni flottable que l'Etat-major général de l'armée française indique sur sa carte sous le nom de *rivière d'Iviers*, mais que les iviérois ont toujours dénommée *la Blonde*, mot qui est l'antonyme de *la Brune*, rivière de Brunehamel. Quelques écrivains l'ont aussi dénommée improprement « la Blanche » ; jamais la rivière d'Iviers n'a porté ce nom, ainsi du reste que le prouvent les actes notariés et autres, anciens et modernes.

La *Blonde* prend sa source à l'est d'Iviers, dans le bois de Brunehamel. Elle coupe la propriété du château, traverse la Place où elle forme un abreuvoir, puis se dirige à l'ouest vers le hameau de Corneaux qu'elle arrose, ainsi que le village de Saint-Clément, et se jette dans la Brune, affluent de l'Oise, près du moulin de Dagny, après un parcours de douze kilomètres. Son lit, profondément encaissé, n'a qu'une largeur moyenne de deux mètres, sauf en quelques endroits où, s'élargissant, il forme des viviers minuscules que l'on appelle « fosses ». Sur la Blonde se trouvent le moulin d'Iviers et l'ancien moulin de Corneaux.

La Blonde possède, sur le territoire d'Iviers, trois affluents très peu importants, il est vrai, mais qui n'en existent pas moins ; le *ruisseau des Echevets*, le *ruisseau d'Aurieux*, et le *ruisseau de Ringeat* ou *des Blancs Monts*.

Le ruisseau des Echevets est formé par la fontaine de ce nom, à l'est du village, et se jette dans la Blonde, près de l'intersection

de la rue de la Blonde et de la rue Mandet, après un parcours
d'une centaine de mètres.

Le ruisseau d'Aurieux prend naissance dans la partie du village
qui porte ce nom, près la fontaine Thiébaux anciennement. Il passe
sous la route numéro 116 et le chemin d'Iviers à Corneaux, puis
se jette dans la Blonde, un peu en amont du moulin d'Iviers, après
un parcours d'un kilomètre.

Quant au ruisseau de Ringeat ou des Blancs Monts, il prend naissance à l'ouest du territoire d'Iviers, traverse une partie du territoire de Coingt et va se jeter dans la Blonde près de Saint-Clément,
après un parcours de trois kilomètres. Il aidait autrefois à faire
mouvoir deux moulins dont l'un, appelé le moulin de Ringeat
(Coingt), a été incendié, et l'autre, appelé le moulin des Blancs
Monts ou moulin Bleu (Saint-Clément), sert aujourd'hui de simple
maison d'habitation.

Le territoire d'Iviers est encore arrosé par un petit cours d'eau :
la rivière *Goujon* ou *des Goujons*. Cette rivière alimentait et faisait
autrefois mouvoir un moulin qui, pendant bien longtemps, fut
occupé par une famille « Goujon » qui lui a donné son nom. En
1727, des descendants de Nicolas Goujon, l'un des membres de
cette famille, habitaient le Coq Banni, commune de Jeantes.

La rivière *des Goujons*, ainsi appelée habituellement, prend sa
source à l'est du territoire d'Iviers qu'elle quitte bientôt pour servir de ligne de démarcation avec le territoire de Beaumé et une
partie de celui de Besmont. Elle longe la propriété du Bois des
Nuées, arrose Besmont et se jette dans le Thon, affluent de l'Oise,
près le village de Martigny, après un parcours de quatorze kilomètres. Son lit est peu encaissé.

La Blonde, ou rivière d'Iviers, et la rivière des Goujons sont
tributaires du bassin de la Seine ; l'analyse de leurs eaux n'a, jusqu'à présent, donné aucune indication permettant d'en prescrire
l'usage à un titre particulier quelconque.

MARAIS

Iviers ne possède pas de marais. Certains terrains, d'une contenance réunie de 80 hectares environ, se trouvant sur les bords de
la Blonde et de la rivière des Goujons sont, par leur nature même,
d'une humidité excessive mais ne forment pas ce que l'on désigne
ordinairement sous le nom de marais. La couche de terre arable

qui entre dans leur constitution est de trop minime épaisseur pour
qu'il soit possible de les rendre propres à la culture des céréales ;
ils forment des prairies naturelles ou servent à la culture de l'osier.

ÉTANGS & ABREUVOIRS

Il existe à Iviers deux étangs dont l'un, le plus important, est
situé sur l'emplacement de l'ancienne briqueterie d'Aurieux et
l'autre au lieudit Sébastopol. Le premier de ces étangs, placé
entre le sentier du Bois des Nuées et le chemin du moulin Goujon,
n'était en 1890 qu'une mare bourbeuse ; il fut acquis à cette
époque, par M. Adolphe Legros qui l'a très convenablement
arrangé et peuplé de carpes et d'écrevisses qui y viennent à
merveille.

Outre l'abreuvoir formé sur la Place par la Blonde, Iviers en
possède encore trois dont un sur le chemin de Martigny, un autre
sur le chemin d'Aubenton, et le troisième sur la Place de Corneaux. Ils servent de réservoirs d'eau pour les cas d'incendie.

BOIS & FORÈTS

Lors de l'établissement du cadastre en 1828, la partie boisée
du territoire d'Iviers occupait une superficie de 116 hectares
41 ares 90 centiares. Depuis cette époque, et notamment en 1852,
1866 et 1872, environ 76 hectares ont été défrichés ; les 40 hectares qui restent comprennent une faible partie de la forêt ou haie
d'Aubenton et du bois de Brunehamel à l'est, le bois des Nuées
et le bois Laplace au nord, divers petits bosquets sur toute la
lisière nord-ouest, nord et est du territoire.

Peut-être intéresserons-nous quelques-uns de nos lecteurs en
rappelant ici que les gardes chargés de la surveillance des bois et
des poursuites préliminaires concernant les délits qu'ils consta-
taient, portaient anciennement les noms de « sergents des bois ».
Ils pouvaient disposer de la charge à eux confiée, ainsi que nous
l'indique un acte authentique du 23 juillet 1631 aux termes duquel
Anthoine Mandet, demeurant à Iviers, vendait, moyennant trois
cents livres tournois, à Guillaume Hazart, marchand demeurant
aussi à Iviers, « Lestat et office de sergent et garde des bois de
» Monseigneur de Guise » qui lui avait été cédé le 7 juillet 1629,
par Jean Joly.

Les principales essences d'arbres que l'on rencontre dans les bois qui se trouvent sur le territoire d'Iviers sont celles de : bouleau, cerisier, charme, chêne, érable, frêne, hêtre, merisier et tremble.

FLORE

Outre les essences dont nous venons de parler, on trouve à Iviers tous les arbres, arbrisseaux, arbustes et plantes composant la flore ordinaire du nord de la France.

FAUNE

Race Chevaline

La race chevaline ne comprend à Iviers, d'après le recensement de 1896, que 79 sujets dont 4 entiers, 25 hongres et 50 juments, soit une diminution de 17 sujets depuis le recensement de 1883. Presque tous ces chevaux sont de races belge et ardennaise croisées ou de races que l'on ne peut définir avec quelque précision ; on ne rencontre que deux chevaux de demi-sang anglo-normand.

Un haras autorisé et reconnu par l'Etat est établi à Bellevue, dépendance d'Any-Martin-Rieux, à treize kilomètres d'Iviers. Ce haras posséde des modèles des principales races du nord de la France ; au moyen de croisements bien compris il pourra dans l'avenir donner à Iviers, comme dans toute la région, de bons et beaux spécimens.

Race Asine

Autrefois, la race asine comptait à Iviers un certain nombre de sujets, tant à cause de la facilité avec laquelle l'âne se nourrit que par suite des difficultés des communications. Les chemins ayant été peu à peu transformés et rendus plus praticables, les ânes, qui ne peuvent rendre que peu de services à l'agriculture, ont presque complètement disparu d'Iviers. Il y a quinze ans leur nombre était réduit à cinq et aujourd'hui on n'en compte plus que trois.

Aucun mulet n'existe à Iviers.

Race Bovine

La race bovine compte environ 250 têtes de bœufs, vaches, génisses et veaux qui proviennent ordinairement de croisements opérés dans le pays même ; aucune race ne domine mais les individus sont, en général, d'assez belle apparence.

Beaucoup de personnes possèdent une ou deux vaches ; quelques cultivateurs en possèdent davantage. Depuis son installation à la ferme du Bois des Nuées, M. Miquet s'est occupé spécialement d'élevage, ce que personne n'avait fait, ici, avant lui ; il n'a reculé devant aucun sacrifice pour n'avoir en sa possession que de beaux élèves et cette année (1896), outre un grand nombre de vaches et bœufs de différentes races, on pouvait admirer dans ses pâtures, 30 bœufs et 5 vaches de race bretonne pure.

L'alimentation du bétail ne se faisant pas au moyen des résidus de betteraves, comme cela arrive dans presque tous les pays où il existe des sucreries, les produits que l'on en retire sont de bonne qualité.

Les bœufs se vendent ordinairement aux marchands étrangers à la contrée.

Race Ovine

La race ovine est représentée par environ 300 sujets, presque tous de race picarde, répartis entre une douzaine de propriétaires d'Iviers et de Corneaux.

Jadis le nombre des bêtes à laine était de beaucoup supérieur à ce qu'il est aujourd'hui ; il y en avait peut-être même trop puisqu'un règlement fait par le comte de Bancigny, et remis en vigueur en 1680, disait que l'on ne pourrait avoir qu'une « bête bergerine » par jalloi de terre *(Archives de l'Aisne)*.

Il existait à Iviers plusieurs marchands qui faisaient l'élevage et le commerce en grand ; on cite encore quelquefois le nom de l'un d'eux, qui habitait sur la Place et avait toujours de 400 à 500 moutons de disponibles ; un berger spécial était occupé chez lui.

Il y a dix ans il n'existait déjà plus à Iviers et Corneaux réunis qu'un total d'environ 700 bêtes, et si l'élevage et le commerce ont encore diminué de plus de moitié depuis cette époque, cela tient surtout au non établissement de voies de communications rapides à proximité immédiate du village.

Race Caprine

La race caprine ne compte qu'environ 25 sujets femelles et un seul mâle. Depuis déjà bien longtemps ce nombre ne varie guère et c'est à peine si l'on aperçoit une diminution ; c'est que la chèvre est la vache du pauvre et qu'elle est on ne peut plus facile à nourrir avec les ronces et l'herbe que l'on trouve partout.

En dehors du lait, la chèvre ou « cabe » donne vers le mois d'avril, habituellement deux cabris, rarement un seul, qui, lorsqu'ils ont atteint l'âge de trois semaines à un mois, font l'objet d'un commerce tout à fait local et augmentent, pour quelques jours, « l'ordinaire » de bien des familles. Les cabris se vendent environ trois francs ; la peau vaut un franc cinquante centimes ; les chèvres ont une valeur marchande de quinze à vingt-cinq francs selon qu'elles ont ou non « caberté », c'est-à-dire mis bas.

Race Porcine

La race porcine ne comprend pas moins de 150 sujets.

La proximité des Ardennes fait que l'on trouve à Iviers de nombreux spécimens de la race ardennaise ; ils sont presque tous tronqués, et la facilité avec laquelle on peut se les procurer aux foires de Brunehamel et aux marchands qui parcourent souvent le pays, fait négliger les individus spécialement affectés à la reproduction qui sont, par suite, peu nombreux.

La nourriture des porcs consiste en petit lait, son, rebulet, pommes de terre et reliefs ou « relavures ».

Leur viande sert, le plus souvent, à l'alimentation des familles ; quelques personnes en font un commerce assez restreint et peu rémunérateur à cause de la concurrence étrangère toujours croissante. Anciennement on rencontrait à Iviers quelques marchands en gros.

Race Canine

Les chiens, de races diverses croisées, sont en grand nombre à Iviers. L'intelligence de ces animaux en a fait, pendant très longtemps, de précieux auxiliaires pour les personnes se livrant à un métier dont nous parlerons plus loin : la Fraude.

Les chiens peuvent traîner des fardeaux relativement considérables, surtout sur les routes du pays qui sont toutes belles et non pavées, aussi sont-ils employés souvent comme bêtes de somme.

Ajoutons qu'à Iviers, comme dans la plupart des communes environnantes, l'inobservation des lois et arrêtés relatifs à la divagation des chiens est à peu près générale.

Chats, Rongeurs et autres Quadrupèdes

Le nombre de chats, tous de races très ordinaires, que l'on

rencontre à Iviers est considérable ; chaque ménage possède au moins un chat, c'est dire qu'ici, comme un peu partout, on trouve les rats et les souris en quantité ; en revanche on trouve peu ou point de loirs. Les mulots ont fait en 1881 des ravages étendus.

Les lièvres et les lapins de garenne ne sont pas nombreux à cause de la nature du sol qui ne leur convient pas. Il n'en est pas de même des lapins de clapier ; il en existe en permanence environ trois mille. Ils servent en partie à l'alimentation iviérose et dans beaucoup de maisons l'on tue au moins un lapin par semaine ; le surplus est vendu aux coquetiers, vulgairement appelés « coquassiers », qui trouvent facilement à les écouler, notamment à Fourmies et Hirson.

Les belettes — *bacoulettes* en langage du pays —, les fouines et les putois ne semblent pas affectionner Iviers, mais les taupes et les écureuils y sont communs.

Les loups ont été, pendant bien longtemps, les hôtes des bois d'Iviers et des environs où l'on en rencontrait encore il y a cinquante ans. En effet : le 8 janvier 1847 une prime de douze francs a été accordée à Jean-Baptiste Dozé, de Ribeauville, commune d'Aubenton, pour destruction d'un loup, le 11 décembre 1846, dans la forêt d'Aubenton ; le même jour une prime de quinze francs a également été accordée à Basile Mennessier, dudit lieu, pour destruction d'une louve, le 8 décembre 1846, dans la même forêt. *(Feuille d'annonces de l'arrondissement de Vervins du 14 janvier 1847)*. Il est certain qu'anciennement, des chasses au loup avaient lieu assez souvent dans les bois environnants ; nous avons même remarqué que le 28 avril 1652 un habitant d'Iviers, Pierre Fossier, était louvetier.

Les chevreuils sont rares et nous ne parlerons que pour ordre des sangliers : on n'en rencontre pas à Iviers, mais la haie d'Aubenton, peu éloignée des forêts des Ardennes où ils sont nombreux, reçoit quelquefois leur visite.

Race Galline — Pigeons

La race galline compte un très grand nombre de sujets, principalement en poules et coqs dont les produits sont habituellement vendus aux coquetiers. Quelques spécimens des races de Houdan, du Brésil et Cochinchinoise existent chez plusieurs personnes.

Les dindes et dindons, ordinairement nommés « dinots », sont rares. Dans plusieurs communes du canton d'Aubenton leur élevage se fait cependant en grand ; il est une source de profits pour les éleveurs qui, au mois de septembre, partent avec leurs troupeaux qu'ils vendent en détail dans les centres industriels où la production est nulle comme à Guise, Bohain, Le Cateau, Cambrai. Ils parcourent ainsi de grandes distances, ce qui est quelquefois dur, mais, dans un laps de temps relativement court, rentrent chez eux la ceinture bien garnie, car la vente se fait au comptant et un dindon a une valeur marchande de six à douze francs.

Quant aux pigeons qui existent à Iviers, on peut évaluer leur nombre à huit cents individus parmi lesquels ne figure aucun pigeon voyageur.

Palmipèdes

Dans un pays où l'eau se trouve en abondance, les palmipèdes y sont ordinairement nombreux ; c'est ce qui existe à Iviers où l'on voit beaucoup de canards et d'oies ou « bilos ».

Lorsque l'hiver est rigoureux il n'est pas rare de rencontrer des canards et oies sauvages.

Oiseaux divers

Outre les perdrix et les alouettes, dont la chair délicate est toujours apprécié des gourmets, on rencontre en grande quantité les geais, corbeaux, pies ordinaires, pies-grièches, piverts, émouchets, moineaux, pinsons, verdiers, chardonnerets, mésanges, rouges-gorges et roitelets ; on trouve également le chat-huant, la chouette, le hibou, l'étourneau, la tourterelle, le pigeon ramier, la bécasse, la bécassine. Les grives abondent à l'époque habituelle du passage ; les merles ne sont pas communs.

Animaux aquatiques et amphibies

Les rivières, ruisseaux, étangs et fosses renferment des poissons dont les principales espèces sont le goujon, l'épinoche, la carpe, le chevésne, la loche, le brochet, ce dernier en quantité minime ; les rats d'eau y sont communs et les loutres n'y font que de rares apparitions. On y trouve également des écrevisses, des grenouilles, des crapauds et une sorte de mollusque non comestible dent les valves atteignent parfois de grandes dimensions et ne sont d'aucun usage.

Abeilles

L'apiculture ne fait pas de progrès à Iviers où l'on compte environ cinquante ruches — *chatoires* en terme local — réparties entre un très petit nombre d'apiculteurs.

POPULATION

Au quatorzième siècle Iviers ne comptait que 350 habitants[1] ; il en possédait 640 en 1760, 1010 en 1800 et 1140 en 1844. Depuis cette dernière époque la décroissance de la population s'est fait sentir et se continue encore de nos jours. Le recensement de 1866 a fixé à 1018 le nombre des habitants ; ce nombre était de 960 avec 317 maisons et 326 ménages en 1872, de 942 avec 298 maisons et 306 ménages en 1876, de 898 avec 288 maisons et 294 ménages en 1881, de 872 avec 275 maisons et 292 ménages en 1886, de 752 avec 267 maisons et 271 ménages en 1891 ; enfin, le recensement de 1896 accuse une population de 719 individus, dont 711 français et 8 étrangers, et constate qu'il existe à Iviers 261 maisons dont 14 sont vacantes ; les 247 de surplus sont occupées par 48 individus isolés et 201 ménages ou familles dont 68 de 2 personnes, 65 de 3 personnes, 34 de 4 personnes, 18 de 5 personnes, 7 de 6 personnes et 9 de 7 personnes et au-dessus.

Si la pauvreté du sol et la difficulté de subsistance peuvent être considérées comme une des causes premières de la dépopulation à Iviers, il faut dire aussi que la forte décroissance de la population que l'on remarque dans la période de 1886 à 1891 tient à la débâcle de la fabrique de chaussures qui existait à Corneaux. En 1889, par suite de la mise en faillite de cette fabrique et de son directeur et fondateur M. B...., nombre d'ouvriers et employés furent obligés, pour vivre, de chercher ailleurs le travail qui leur manquait ici ; de ce fait une douzaine de familles émigrèrent et si quelques personnes sont rentrées par la suite, beaucoup ne sont pas revenues. De plus, depuis quelques années, quantité de jeunes gens quittent le village pour entrer dans les diverses administrations existantes. Reviendront-ils au pays lorsqu'on leur aura accordé la pension de retraite sur laquelle ils comptent ? Le doute est permis.

Ce qu'il y a de certain, c'est que la population diminue continuellement et que l'on ne prévoit pas où cette diminution s'arrêtera.

L'examen des registres de l'état civil de la commune laisse peu d'espoir de voir, à l'avenir, la population augmenter par les naissances car, depuis plus de cinquante ans, le chiffre de celles-ci a presque toujours été inférieur à celui des décès. Nos lecteurs s'en

---

[1]. Les habitants d'Iviers s'appellent : *Iviérois* ou, plus communément, *Gens d'Iviers*. A cause de leur verbe haut on les appelle aussi en plaisantant : *G...lards d'Iviers* ; ils ne se fâchent pas de cette appellation.

rendront compte en jetant les yeux sur le tableau ci-après que nous
avons dressé, par périodes décennales, des mariages, naissances
et décès inscrits sur lesdits registres depuis 1803 seulement, quelques lacunes existant antérieurement :

ANNÉES	MARIAGES	NAISSANCES	DÉCÈS
1803 — 1812	45	264	334
1813 — 1822	71	276	229
1823 — 1832	95	317	167
1833 — 1842	80	273	188
1843 — 1852	96	199	242
1853 — 1862	92	205	242
1863 — 1872	76	234	196
1873 — 1882	69	170	210
1883 — 1892	138	149	186
soit pour 90 années	762	2087	1994
ou une moyenne par année de	8 à 9	23 à 24	22 à 23

L'année 1892 comprend 5 mariages, 14 naissances et 23 décès.

CONSTITUTION PHYSIQUE DES HABITANTS.

L'épuration continuelle de l'air par les arbres de la forêt contri-
bue à donner aux habitants d'Iviers une bonne constitution physi-
que. D'une taille moyenne, ils sont généralement sains et forts et
vivent quelquefois très vieux ; le recensement de mars 1896 constate qu'il existait à cette époque à Iviers 63 septuagénaires et 12
octogénaires ; il n'est pas rare de rencontrer des nonagénaires. On
ne trouve actuellement aucun centenaire ; cependant l'examen des
registres nous montre qu'Iviers en a déjà possédé plusieurs. En
effet : le 23 mars 1704, est décédée Nicolle Ledoulx agée de « plus
de cent ans » ; puis, le 16 février 1745, Gérard Mercier, traversier,
âgé de cent dix ans ; enfin, le 3 mars 1760, Nicolle Sonnette âgée
de cent un ans.

RÉGIME ALIMENTAIRE

Les principaux éléments de la nourriture des habitants sont : le pain de froment, la viande de porc et le cidre ; le mets de famille par excellence est la salade au lard.

Il y a dix ans, deux boulangeries existaient à Iviers ; aujourd'hui il n'en existe plus qu'une seule qui, avec six boulangers étrangers, fournit le pain nécessaire à la consommation.

Presque tous les ménages élèvent ou achètent au moins un porc que l'on tue habituellement au commencement de l'hiver. La viande est mise au saloir, que l'on appelait autrefois « lardier », puis est en partie suspendue au plafond de la cuisine ; les jambons ne se fument généralement pas.

Si, lors des repas, le cidre est la boisson favorite des habitants, il n'en est pas de même pendant les sorties, où la boisson habituelle est la bière. L'eau-de-vie et le vin se consomment peu dans les estaminets.

Comme nous le disons plus haut, la salade au lard est le mets de famille par excellence. Cette salade, qui s'assaisonne avec le lard roussi dans le beurre et quelques pommes de terre écrasées, est encore, dans certaines maisons où s'est conservée l'habitude des ancêtres, apportée par la ménagère au milieu de la table où petits et grands mangent à même le saladier.

En dehors des substances que nous venons d'indiquer, les pommes de terre tiennent aussi une large part dans l'alimentation ; puis viennent les harengs, la viande de boucherie que plusieurs marchands des environs offrent une ou deux fois par semaine, les fromages de Maroilles et les fromages salés. Le lait et le beurre sont consommés régulièrement dans les ménages ; le lait est quelquefois employé à la fabrication du fromage blanc ou fromage mou. On fait à Iviers, comme sur toute la frontière, un usage assez fréquent du café, principalement du café de Belgique que l'on se procure plus ou moins facilement.

CARACTÈRE

Semblables au climat de leur pays, les Thiérachiens, en général, sont sujets à de brusques variations dans les idées. Cette particularité existe chez l'iviérois qui cependant, sous des apparences un peu rudes et un parler sec, est assez gai, bruyant même dans son expansion facile, prompt à lancer la plaisanterie et vif à la riposte. Il a le caractère indépendant et ne se résigne et s'incline que contraint et forcé, encore le fait-il de façon telle que son amour-propre en est flatté et lui laisse croire que c'est de sa propre volonté qu'il le fait. Il est à première vue froid et réservé bien que son accueil soit assez sympathique ; fort défiant vis-à-vis des étrangers, et même de ses amis, il devient vite communicatif, mais ne s'explique toutefois jamais d'une manière trop claire par crainte de se compromettre ; il est très fermé en ce qui concerne ses intérêts et plaide bien souvent le faux pour connaitre le vrai ; c'est ce qui a fait dire à certains observateurs que si la franchise ou sincérité n'existait pas, on aurait de la peine à la découvrir à Iviers. Nous ajouterons que nous avons cru remarquer bien des fois que le fond de l'iviérois pourrait être meilleur qu'il est.

LANGAGE

L'obligation, dans les temps de troubles, de se communiquer rapidement et succinctement les nouvelles pouvant intéresser la défense du pays, a amené dans la Thiérache, principalement chez les habitants des villes et villages situés non loin des frontières, un parler bref, sec, sans phrases.

Les iviérois ont, pour la plupart, conservé ce parler sec et bref ; ils ont le verbe haut et crient presque en parlant. Le grasseyement est général chez les enfants et les personnes d'âge moyen ; il n'existe plus chez les vieillards.

Quand les habitants parlent à une personne étrangère au pays ou pour laquelle ils éprouvent un certain respect, leur langage est le français assez correct, mais lorsqu'ils causent entr'eux, ou avec des personnes de connaissance, ce langage change et renferme des mots d'un patois spécial que nous mentionnerons ci-après, ainsi que d'autres empruntés au dialecte picard.

Les principaux accents que l'on remarque portent sur les *o*, que l'on prononce forts puis doux : *hoatte, poarte,* pour hotte, porte ; et sur les *é*, ou terminaisons de même consonance, que l'on pronnonce *è*, la bouche bien ouverte : *cherchè, portè, Iviè,* pour cherché, porté, Iviers, etc.

Quelques mots sont très souvent employés au singulier avec la prononciation du pluriel et réciproquement : *un chevaux, un quintaux,* pour un cheval, un quintal ; ou bien *deux cheval, trois quin-*

tal, pour deux chevaux, trois quintaux. D'autres ont une tournure tout à fait spéciale à Iviers et ses environs : *à va là* : en quelqu'endroit, là quelque part ; *à va :* sur soi, à soi ; *assnè :* à même ; *bè :* bien ; *très bè :* beaucoup ; *gentite :* gentille ; *muchener :* glaner dans les champs ; *étriver :* soutenir un mensonge ou ce que l'on croit ne pas être vrai ; *abeuter :* jeter un coup d'œil, s'approcher ; *buder :* toucher, être placé contre ; *abuder :* placer contre, soutenir ; *camper :* jeter ; *tumer :* renverser le contenu de quelque chose, d'un verre par exemple ; *atzuire :* arriver, parvenir ; *aller cri :* quérir, aller chercher ; *béron :* grosse mouche appelée bourdon ; *béronner :* bourdonner, maugréer ; *débirlancher :* se balancer ; *dern :* un peu pris de boisson ; *avoir buvant :* avoir fort soif ; *avoir mangeant :* avoir faim ; *avoir dansant, chantant, riant, jouant, dormant, etc :* avoir envie de danser, chanter, rire, jouer, dormir, etc. ; *avoir mourant :* être sur le point de mourir ; *avoir mouru :* être mort ; *être ennuyant :* s'ennuyer ; *quant et moi, quant et toi, quant et lui, quant et nous, quant et vous, quant et eux :* en même temps que moi, que toi, que lui, que nous, que vous, qu'eux.

La liaison de la préposition *à* et des voyelles avec les mots les précédant, se fait très souvent au moyen des consonnes *t* et *z* : c'est encore-t-à moi ; ce n'est pas-t-à-toi ; tu z-as ; tu z-es ; tu-z-iras.

Les verbes sont défigurés dans certains de leurs temps et de leurs personnes : je *faiseu :* je faisais ; nous *fons :* nous faisons ; *nous vons :* nous allons ; *nous vouliez :* nous voulions ; *ai-vous :* avez-vous ; ils *marchont :* ils marchent ; ils *preniaient* ou *preniont :* ils prenaient ; il faut qu'ils *venonssent :* il faut qu'ils viennent.

La conversation est fréquemment surchargée, d'une manière désagréable, par la répétition oiseuse de l'affirmation *ah oui !* et de l'interrogation confirmative *ah oui ah ? ah oui è ?*

Les mots oui et non sont souvent précédés de *ah bè là* ; on répond couramment *ah bè là oui* ou *ah bè là non* aux questions posées.

Certains iviérois ont l'habitude d'employer, à tort et à travers, deux mots : T...... et V....., dont ils se servent en guise de juron et que nous ne voulons pas désigner ici autrement que par des initiales ; beaucoup d'entr'eux ont le parler excessivement libre, même devant les enfants.

USAGES ET COUTUMES

La Chasse et la Pêche

La chasse, autrefois réservée exclusivement aux seigneurs, est peu pratiquée à Iviers où l'on ne rencontre actuellement que cinq chasseurs. Les braconniers sont rares ; on les désigne communément sous le nom de *colleteurs*, qu'ils se servent du fusil ou de lacets ou *collets*.

La pêche, qui nécessite moins de dépenses que la chasse, trouve plus d'adhérents ; cependant la pêche aux petits poissons qui peuplent les rivières, amuse bien plutôt les enfants que les grandes personnes.

La pêche à la grenouille occupe beaucoup de monde et se fait aux mois de février et mars, soit avec une trouble ou *rassa*, soit avec un râteau[1], soit encore, et plus généralement, à la tombée de la nuit avec une lanterne allumée et un sac. Le meilleur de ces trois moyens est certainement la pêche à la lanterne, qui serait très intéressante si l'on n'était presque toujours obligé d'entrer dans l'eau pour la pratiquer ; éblouies par la lumière, c'est par centaines que les grenouilles se laissent prendre par les pêcheurs qui les rapportent pour les faire passer à la poêle ou les vendre moyennant un prix qui varie entre un et trois francs le cent[2].

La pêche à l'écrevisse n'est pratiquée que par quelques personnes. Elle se faisait jadis à l'aide d'un fagot d'épines que l'on déposait au milieu de la rivière après avoir introduit à l'intérieur le cadavre d'une volaille fraîchement tuée, ordinairement d'une poule ; les écrevisses très friandes de viande, entraient dans le fagot que l'on relevait vivement peu de temps après ; il y en avait toujours quelques-unes de prises. Aujourd'hui on emploie des petits filets cerclés, de vingt centimètres de diamètre, dits *écopêches* (dérivé d'écope), moins encombrants et plus maniables que le fagot.

La Charbonnée

Comme nous l'avons dit, beaucoup de ménages élèvent ou achètent au moins un porc pour leur consommation. Les porcs sont, en général, tués et arrangés par le même individu que l'on

---

1. Fouiller les étangs et les fosses des rivières avec la trouble ou le râteau s'appelle : burger.
2. Un arrêté préfectoral récent a interdit la pêche à la lanterne.

dénommait autrefois *cossonnier*, ainsi que nous le dit un acte notarié du 11 mars 1697, et dénommé vulgairement aujourd'hui *tueu d'cochons*. C'est principalement aux mois de novembre, décembre et janvier que ce dernier exerce son métier ; moyennant deux francs par tête, il tue à domicile, grille, dépèce et met au saloir les sujets qu'on lui désigne ; de plus il fait la charcuterie si on le désire.

Chaque personne qui « tue son cochon » donne à ses parents, amis et voisins quelques morceaux de porc, boudin, saucisse, etc. ; c'est ce qu'en terme local on appelle donner *la charbonnée*.

La Moisson

Chaque année, du mois de juin au mois de septembre, environ quatre cents personnes quittent le village pour aller faire les foins et la moisson au dehors, *en Champagne* ou *sur les hauts pays*, comme l'on dit habituellement, ou encore *au pays de France* si la moisson doit se faire dans les environs de Paris.

Si l'on voit autant de personnes émigrer pour les travaux agricoles c'est que, pendant le peu de temps qu'il est occupé à ces travaux, *l'ouvrier gagne l'argent et le blé nécessaires à la nourriture* de sa famille pendant une bonne partie de l'année. Le fauchage du blé se paie en nature, à raison de deux boisseaux ou cinquante litres de blé par jalloi, et celui de l'avoine, en argent, à raison de cinq francs.

Quelques ouvriers, outre la fenaison et la moisson, entreprennent l'arrachage des betteraves.

Lorsque les ouvriers de moisson, de même que les petits cultivateurs qui travaillent pour autrui, règlent leur compte tous les ans à la Saint-Martin (11 novembre) avec les personnes pour lesquelles ils ont travaillé, cela s'appelle « compter ». On dit : un tel est allé *compter* chez un tel ; on comprend de suite que cela veut dire qu'il est allé faire son compte pour ses travaux, labours ou ensemencements.

La Vaine Pâture

La vaine pâture était anciennement répartie entre Iviers proprement dit, la section d'Aurieux et le hameau de Corneaux. Iviers et Aurieux se partageaient les immeubles soumis à la vaine pâture proportionnellement au nombre de bêtes composant leur troupeau respectif, et l'infraction aux usages fixant les limites de chaque part a dû quelquefois amener des désagréments aux pâtres

ou *vachers*, qui paraissaient être surveillés de près, car, le
25 septembre 1791, Claude Guerbet, procureur de la commune,
déclarait à la municipalité, dans le but d'arriver à faire prononcer
une condamnation, avoir « trouvé la troupe de bêtes cornues de
» haurieux dans une pièce de trèfle au-dessus du moulin d'Iviers. »

Le décret du 28 septembre 1791 a déterminé d'une façon positive les droits de vaine pâture, et une délibération du Conseil
municipal d'Iviers, en date du 17 février 1829, ayant réglementé
dans un sens trop restrictif l'usage de ces droits, fut annulée sur
les protestations de quelques habitants.

Le droit de vaine pâture en général a été aboli par la loi du
9 juillet 1889 ; toutefois, cette loi a laissé aux communes intéres-
sées la faculté d'en réclamer le maintien, et, par une délibération
en date du 20 avril 1890, le Conseil municipal d'Iviers, « considé-
» rant que le droit de vaine pâture existe à Iviers depuis un temps
» immémorial ; qu'il y aurait un grand inconvénient de l'abolir... »,
a décidé le maintien de ce droit tant à Iviers qu'à Corneaux. Ce
droit commence aussitôt l'enlèvement de la première herbe,
époque à laquelle les habitants réunissent leurs bêtes en troupeau
et les font paitre sur les prairies naturelles non closes ; chaque
habitant, propriétaire foncier ou non, peut mettre ses bêtes au
troupeau.

Corneaux, Aurieux et Iviers avaient autrefois chacun leur vacher
particulier. Celui de Corneaux s'est volontairement démis de ses
fonctions en 1892 et, depuis cette époque, le troupeau du hameau
n'a pas été réformé. Des deux autres vachers, celui d'Iviers
n'apportait pas, parait-il, tout le soin désirable à la surveillance
des 80 vaches environ qui lui étaient confiées et, insensiblement,
par suite d'entente entre les intéressés, il s'est vu enlever presque
tous ses bestiaux ; à sa mort (13 août 1880), ce qui en restait fut
réuni au troupeau d'Aurieux pour n'en former qu'un seul d'environ cent cinquante têtes sous la direction de Pierre-Nicolas Dervin,
vacher d'Aurieux. Par suite de la transformation d'une partie des
prairies en pâtures baillées et closes, plusieurs propriétaires ont
cessé de mettre leur bêtes au troupeau commun qui, au 15 octobre 1896, ne comptait plus que quatre-vingt-quatre têtes sous la
surveillance de M. Auguste Dervin, fils du précédent.

Le vacher, lorsqu'il conduit le troupeau aux champs, a habituellement un aide, un jeune garçon ordinairement, qui le précède
dans les rues du village où il joue du cornet à bouquin pour annon-
cer qu'il faut « lâcher » les vaches.

Une coutume qui se perd est celle qu'ont les petits vachers de la Thiérache en général, de pousser le cri des gardeurs de vaches. Composé de trois syllabes dont la dernière est longue dans la première partie seule, il se continue par une sorte de modulations rapides pour se terminer, sur un point d'orgue, par un progressif abaissement de la voix :

I-a-lâ, iala, ialâ.....

Nous avons bien souvent entendu, avec ce cri pour refrain, la chanson suivante qui retentit encore quelquefois dans les plaines du Vermandois :

> J'ai perdu mon couteau
> Mes vaches et mes veaux
> Su'l'ch'min du château
>   ialâ.....
> i-a-la, iala, i-a-la, iala
>   ialâ........a.

La rétribution annuelle versée au vacher communal d'Iviers pour sa garde, consiste en : la somme de un franc en espèces, un double-décalitre de blé, un flan ou gâteau lors de la fête patronale, le tout par chaque tête de bétail, et, en outre, cinq cents grammes de beurre par chaque vache laitière. Cette rétribution n'a pas toujours été la même. Nous avons trouvé dans les archives d'Iviers, à la date du 29 juin 1819, la nomination de Charles Aubert comme « pâtre communal » ; sa garde devait durer de la St-Jean (24 juin) à la St-André (30 novembre) et ses appointements furent fixés à : un franc d'argent par chaque bête, plus pour chaque bête à cornes un tiers de quartel de blé et pour chaque poulain un pugnet de blé.

Aujourd'hui les chevaux ne sont plus mis au troupeau.

Les moutons vont aussi aux champs. Ils sont divisés en deux troupeaux de nombre de têtes à peu près égal : celui d'Iviers sous la conduite actuelle de M. Manassé Lefèvre, et celui de Corneaux sous la conduite actuelle de M. Auguste Lerouge.

Le troupeau d'Iviers ne va paître que sur les champs des propriétaires des animaux le composant, lesquels propriétaires fournissent le terrain nécessaire au pacage et payent, chacun en proportion du nombre de bêtes lui appartenant, le gage du berger s'élevant annuellement à cent vingt francs d'argent et 8 hectolitres de blé.

Le troupeau de Corneaux va paître indistinctement sur les propriétés de tous les habitants, par suite d'un usage constant, et le

salaire du berger est payé par égale portion entre les propriétaires
des animaux mis au troupeau, quel que soit le nombre de ces derniers.

Voici une liste, que nous avons dressée, des anciens pâtres et
bergers dont nous avons pu découvrir la trace :

1610, Isaac Coppin, « pastre des bestes de la cense de Corneaux » ; Jehan Hostellet, « pastre des best du village diviers » ;
1681, Anthoine Estienne, « pâtre du gros bétail de la cense de
Corniaux » ; 1686, Jean Lamy, « pâtre des bêtes à cornes d'Iviers » ;
1723, Jean Guillaume, « pâtre du gros bétail à Iviers » ; 1728,
Nicolas Guillaume, « pâtre du village d'Iviers ».

1619, Guyon Juillart ; 1684, Laurent Guillouart ; 1705, Jean
Caron ; 1714, Pierre Paillard ; 1725, Pierre Godard ; 1815, Pierre
Marlois ; 1815, Pierre-Louis Bourgeois, tous bergers à Iviers.

1616, Simon Julliart ; 1727, Charles Lefèvre, bergers à Corneaux.

Autrefois, comme aujourd'hui encore dans beaucoup de communes de la Thiérache, tous les porcs de la commune, réunis en
troupeau, allaient aux champs sous la conduite d'un porcher communal surnommé « le capitaine ». Cette coutume n'est plus en
usage à Iviers depuis déjà un certain temps.

La Fraude

L'indépendance de leur caractère et la proximité de la frontière
belge poussent un certain nombre d'habitants d'Iviers à se livrer
à la *fraude* ou *contrebande.*

C'est principalement en ce qui concerne le tabac et le café que
s'exerce le métier de *fraudeur, contrebandier* ou *pacotilleur,* qui
n'est pas toujours exempt de désagréments et qui a déjà donné
l'occasion à quelques habitués de faire montre d'une énergie, d'une
adresse et d'un sang-froid qui seraient dignes d'admiration s'ils
avaient un but meilleur.

Anciennement la fraude se faisait à cheval, mais l'établissement
des chemins de fer et la création de pâturages avec clôtures vives
ou artificielles, ont amené la disparition complète des *bandes à
cheval,* cette terreur des populations des campagnes.

Plus près de nous, et encore quelque peu aujourd'hui, la fraude
se pratiquait au moyen de chiens qui, merveilleusement dressés,
étaient conduits librement en Belgique d'où ils revenaient seuls et
chargés.

Nous n'entrerons pas dans la description des ruses et subterfuges employés réciproquement par les fraudeurs et les agents des douanes, nous dirons seulement que les règlements interdisant la conduite des chiens de forte taille « à la montée », c'est-à-dire vers la Belgique, et les postes de douaniers établis maintenant à profusion sur la frontière, contribuent à restreindre l'emploi des chiens et à réprimer, un tant soit peu, la fraude en général. Quant à la faire disparaître complètement, il est à présumer que l'on n'y arrivera pas de sitôt car, disent les contrebandiers, la fraude est un métier comme un autre, et si on ne la faisait pas, que ferait-on ?

Le fraudeur, lorsqu'il n'exerce pas son métier, est habituellement paisible et il est bien rare qu'une dénonciation quelconque le concernant vienne d'un de ses concitoyens.

Diverses relations et notes nous montrent que dans la contrée la fraude a eu, de longue date, ses habitués :

Le 22 avril 1705, un sieur T....., de Wimy, est décédé à Aubenton après avoir reçu plusieurs coups de fusils des « archers de gabelle ». En 1727, un individu de Saint-Michel paie, à titre de transaction, au directeur de la ferme du tabac, demeurant à Laon, une amende de cent livres pour avoir été trouvé porteur de « quatre onces » de tabac de contrebande. Le 25 mai 1731, Nicolas Magnette, étant en prison à Aubenton, donne procuration pour s'inscrire en faux « contre un prétendu procès-verbal à lui fait le 23 mai par les » employés de la brigade ambulante de Signy ». Enfin, le 7 mai 1741 est décédé, dans la prison d'Aubenton, Nicolas L..... qui était détenu comme « vendeur de faux tabac ».

Le Mai

Tous les ans, dans la soirée du dernier jour d'avril, la jeunesse d'Iviers *plante le Mai*.

Le *mai* consiste en un arbre, un bouleau ordinairement, que les jeunes gens vont abattre dans la forêt d'Aubenton, où toute latitude leur est accordée à cet effet, et qu'ils *plantent* devant l'auberge où ils doivent danser le dimanche pendant le cours de l'année. Cet arbre, qui reste *planté* pendant tout le mois de mai, a quelquefois des proportions respectables et atteint souvent de 15 à 20 mètres de hauteur. L'aubergiste qui a l'honneur de posséder le *mai* ne peut faire moins que d'offrir quelques consommations aux jeunes gens, et ceux-ci terminent habituellement la soirée par un bal qui recommence le premier dimanche du mois de mai.

D'autres *mais*, de moindres dimensions, sont aussi plantés près des habitations des jeunes filles à marier, et certaines personnes profitent de cette coutume pour faire à leurs concitoyens des farces, d'un goût souvent douteux, où se mêle parfois un peu d'ironie.

La Mise au Bois

Les coupes aménagées dans la haie d'Aubenton et les bois environnants, sont vendues publiquement chaque année.

Les adjudicataires les divisent en lots égaux ou *ateliers* (*at'iers*, dans le langage usité), dont la superficie est ordinairement d'environ un jalloi (29 ares 92 centiares) et qui sont plus ou moins faciles à exploiter selon la composition du terrain. Ils réunissent ensuite leurs *boquillons* (bûcherons) à qui ces lots ou portions sont attribués par voie de tirage au sort. Chaque ouvrier prend le nombre d'ateliers qui lui convient, tant qu'il y en a de disponibles ; s'il ne peut pas faire tout l'abattage par lui-même, il s'entend avec d'autres bûcherons avec lesquels il se partage amiablement l'ouvrage.

Ce tirage au sort, connu sous le nom de *mise au bois*, donne lieu à une petite fête entre *boquillons* ; ces derniers reçoivent des *patrons*, un franc en espèces, quelquefois un peu plus, par chaque atelier qui leur est attribué, et les sommes reçues servent à faire une collation en commun dans l'une des auberges du village.

La *mise au bois* a lieu habituellement dans la seconde quinzaine d'octobre, et procure quelques instants de gaîté à tous ces travailleurs au moment où ils vont entreprendre l'un des plus durs labeurs qui existent.

Les Mariages, Baptêmes et Enterrements

Lorsqu'un étranger épouse une jeune fille de la commune, les jeunes gens lui demandent le paiement d'un *droit à la jeunesse*. A cet effet, ils se réunissent et offrent un bouquet au futur qui leur fait un don quelconque, généralement en espèces, selon sa position de fortune car il sait que s'il ne s'exécutait pas, la noce pourrait être troublée par un tapage infernal ; nous ferons toutefois remarquer que cette coutume tend à disparaître. Les enfants réclament aussi leur part en chantant devant la porte de la maison où a lieu le repas de noces :

> Saint Pansard n'a pas dîné,
> Qu'avez-vous à lui donner ?

et en criant à tue-tête : vive la noce.

Lors d'un baptême si, aussitôt la sortie de l'église, les parrain et marraine ne donnent pas de dragées aux enfants qui se trouvent toujours là en nombre plus ou moins grand, ces derniers les assaillent par le cri, mille fois répété de : *Parrain marraine à poches trouées*.

Lors d'un décés, les plus proches voisins du défunt sont habituellement les porteurs pour le convoi funèbre ; ils ne reçoivent, bien souvent, aucune gratification, mais assistent au dîner qui suit ordinairement l'enterrement. Chaque porteur reçoit et revèt un brassard en crêpe : *blanc* lorsque le défunt est célibataire, et *noir* dans les autres cas.

Lorsque le cercueil est descendu et déposé dans la fosse, il arrive, presque toujours, que les parents et amis du défunt aident le fossoyeur à remplir le trou béant et ne quittent l'endroit où a lieu l'inhumation, qu'après que le cercueil est totalement recouvert de terre.

Les porteurs et parents se considèrent comme obligés d'aller à la messe le dimanche suivant l'inhumation et, surtout, de ne pas manquer à l'offrande. C'est probablement une dégénérescence d'une ancienne coutume de Picardie qui consistait en ceci : lors d'un enterrement, un homme, tenant à la main un plateau rempli de menue-monnaie, se plaçait à la porte de l'église ; chaque invité de la famille prenait, en entrant, une pièce qu'il donnait à l'offrande. Cette coutume existe encore à Douchy (Aisne), et il est à peu près certain qu'elle s'est conservée à Iviers et dans les environs, au moins jusqu'au commencement du dix-huitième siècle car, dans un compte de tutelle, rendu en 1704 à un jeune homme de Besmont dont le père était décédé le 25 juin 1695, nous avons remarqué, au chapitre des dépenses concernant l'inhumation, la relation suivante : « Payé pour les *offrandes* vingt cinq sols six » deniers ».

Lorsqu'un iviérois apprend la mort d'un parent n'habitant pas le village, il s'empresse de faire sonner pour celui-ci à Iviers où il veut que chacun connaisse la peine qu'il ressent de la perte qu'il vient d'éprouver..... à moins que ce soit de la joie, surtout s'il s'agit d'un arrière-petit-cousin à héritage.

Pour nous compléter, rappelons la coutume qui consiste à faire tenir un cierge allumé aux moribonds, pendant qu'une personne de l'entourage lit, à haute voix, une prière dite des agonisants.

La visite des Fours et des Cheminées

Chaque année, avant l'hiver, tous les fours et cheminées de la commune sont visités par un maçon assisté d'un conseiller municipal et du garde-champêtre. Le maçon visiteur reçoit un salaire de huit francs.

L'utilité de ces visites, qui ont pour but de prévenir les incendies que pourraient occasionner les amas de suie, se faisaient sentir bien plus qu'autrefois, avec les cheminées en terre et les toits de chaume, qu'aujourd'hui avec les cheminées en briques et les toits d'ardoises ; néanmoins le ramonage effectué régulièrement est une sage mesure de précaution.

Le premier procès-verbal de visite des fours et cheminées dont il est question aux archives d'Iviers, est du 8 mars 1781 ; il a été dressé par Nicolas-Marie-Joseph Philippot, avocat en parlement, bailli de la justice, terre et seigneurie d'Iviers, et constate qu'une cheminée existant dans un bâtiment à droite en entrant dans la maison seigneuriale, a été trouvée défectueuse. On voit par là que Philippot ne ménageait personne, pas même son maitre.

Un autre procès-verbal, du mois d'octobre 1790, relève des contraventions contre douze personnes qui, le 14 juin 1791, furent condamnées à chacune dix livres d'amende.

Un troisième procès-verbal, du 17 décembre 1792, constate la démolition d'un four qui a été trouvé « fort mauvais », et enfin, le 29 germinal an X, il était constaté que chez l'instituteur la cheminée était hors d'état de servir.

La Veille et le Couvre-feu

Par les longues soirées d'hiver beaucoup d'habitants, selon leurs affinités sympathiques, ont l'habitude d'aller passer une partie de la soirée tantôt chez l'un, tantôt chez l'autre d'entr'eux où, autour d'un bon feu, on cause d'affaires publiques ou particulières ; c'est ce qu'on appelle *aller à la veille.*

La veillée se termine ordinairement lors du couvre-feu qui se sonne à Iviers du 1ᵉʳ novembre de chaque année au 1ᵉʳ mars suivant, à dix heures les dimanches et jours fériés, et à neuf heures tous les autres jours.

Le couvre-feu, habituellement dénommé *la retraite,* avait une certaine importance autrefois, quand les chemins n'étaient encore guère praticables et que des personnes pouvaient se trouver égarées ; il sert aujourd'hui à prévenir les ouvrières et ouvriers qu'il est l'heure de cesser le travail, et les habitants qui sont *à la veille* qu'il est le moment de *déveiller.*

Cette coutume ne subsiste dans aucun village des environs d'Iviers et occasionne annuellement à la commune une dépense de vingt francs que reçoit le sonneur d'église pour s'occuper du couvre-feu. L'argent ainsi dépensé depuis bien longtemps eut été, à notre avis, beaucoup mieux employé s'il eut servi à l'acquisition d'une horloge communale. Mais......, c'est l'habitude.

Les Feux des Buires[1]

Les feux des Buires, appelés aussi en certains endroits *Bihourdis*, *Behourdis* et *feux des Bours*, sont des feux de joie, particuliers à diverses parties de la Picardie, et spécialement à la Thiérache, que l'on allume le soir du premier dimanche de Carême sur le faite des collines.

Les jeunes gens et les enfants quêtent dans le village, des gerbes et fagots qu'ils amassent autour d'une longue perche surmontée d'un bouchon de paille, et qu'ils brûlent ensuite en exécutant des rondes échevelées et en brandissant soit une torche de paille soit une bourrée enflammée. Lorsque tout est consumé, chacun rentre chez soi manger les morceaux de pâte cuits dans le lait connus sous le nom de *vitelots*.

Cette coutume, qui a fait dénommer le premier dimanche de Carême le *dimanche des brandons* ou le *dimanche des vitelots*, est, pour ainsi dire, abandonnée à Iviers, mais est encore solennellement célébrée dans certaines communes du canton d'Aubenton.

Tous les historiens s'accordent à reconnaître, dans ces divertissements, un reste de pratiques païennes. Les uns pensent que nos ancêtres, les Gaulois, parcouraient les champs avec des brandons qu'ils agitaient sous les arbres pour les préserver des chenilles ou en chasser les mauvais génies ; d'autres, que cet usage rappelle une coutume des païens qui, au mois de février, couraient pendant la nuit avec des flambeaux allumés pour se purifier et procurer la paix aux mânes de leurs ancêtres ; mais tous disent que cette fête était très populaire dans la contrée.

Autorisation affouagère

L'administration de M. le duc d'Aumale autorise les iviérois indigents ou chargés de famille, à aller, dans la haie ou forêt d'Aubenton, chercher gratuitement le bois nécessaire à leur chauffage. La liste des personnes susceptibles de profiter de cette autorisation

---

1. Une « buire », en Thiérache, est un pot de terre.

est dressée tous les ans par la municipalité et remise à ladite administration qui délivre à chacun des inscrits une carte valable pour une année ; cette carte permet à la personne à qui elle est donnée d'aller faire sa provision de bois les lundis, jeudis et samedis toute la journée et les dimanches dans la matinée.

Le Glanage

Le glanage, dont l'usage a été fixé par la loi du 6 octobre 1791, est réglementé sur le territoire de la commune d'Iviers, par l'arrêté municipal suivant, pris annuellement :

« Sont seules autorisées à glaner les personnes qui sont munies » d'une carte d'autorisation qu'elles devront présenter à toute » réquisition.

» Les glaneurs ne pourront entrer dans les champs qu'après l'en» lèvement entier des récoltes.

» Le glanage est interdit dans tout enclos rural.

» Nul ne pourra glaner avant le lever et après le coucher du » soleil.

» Les pâtres et bergers ne pourront mener les bestiaux d'aucune » espèce dans les champs moissonnés et ouverts, que deux jours » après la récolte entière. »

JEUX ET DIVERTISSEMENTS

Les Boules

Parmi les différents jeux en vogue à Iviers et que nous allons indiquer, le jeu de boules tient certainement la première place.

Les hommes, principalement le dimanche, les femmes, lors d'une sortie occasionnée par une fête de famille, un mariage par exemple, et les enfants en tout temps, pratiquent le jeu de boules.

Ce jeu est des plus simples. Les joueurs, s'ils ne sont que deux, ont chacun deux boules en bois d'un diamètre moyen de dix centimètres ; s'ils sont plus de deux, ils n'ont que chacun une boule. Le premier joueur jette ou joue le *but*, que l'on nomme *boulot* (petite boule), et chaque joueur, partenaire ou adversaire, lance sa boule afin d'arriver le plus près possible du but car le gagnant est celui dont la boule est la plus rapprochée ; quand la boule touche le boulot, quand elle *bude*, en terme local, le point compte double.

On joue un contre un (tête-à-tête), deux contre deux, trois con tre trois, etc., en neuf ou onze points, quelquefois en quinze. L'enjeu est ordinairement une consommation de dix centimes pour les parties en neuf et onze points, mais lorsqu'il s'agit d'une partie en quinze points, l'enjeu est plus sérieux, c'est, le plus souvent, un café qui se vend couramment trente centimes ; dans ce dernier cas les gagnants offrent le cognac, c'est de règle.

Il n'y a pas de bouloirs préparés, ainsi que cela existe dans certaines localités du Vermandois ; on joue aux boules au milieu de la rue, par le soleil, par la pluie, dans la boue et quelquefois dans la neige car, depuis quelques années, quelques habitants d'Iviers ont pris l'habitude de se réunir le premier jour de l'année et de faire une partie de boules, quelque temps qu'il fasse.

Beaucoup d'iviérois sont très adroits au jeu de boules. Malgré les accidents du terrain ils arrivent, fort souvent, à placer leur boule très près du boulot, soit en *boulant*, soit en *sommant* (dérivé local de : assommer), c'est-à-dire en lançant la boule à une certaine hauteur en lui imprimant un mouvement de rotation qui la fait rester sur place lorsqu'elle retombe à terre ; on *somme* principalement dans l'herbe qui se trouve sur les bas-côtés des rues, ou lorsque le terrain est mou ou humide. Il y a aussi les *tireurs*, qui enlèvent les boules de leurs adversaires en lançant directement la leur contre elles. Pour bien *tirer* une boule il faut du coup d'œil et beaucoup d'adresse, aussi les bons tireurs ne sont pas légion et cependant, parmi ces derniers, les plus adroits, tout en *tirant* la boule à enlever, impriment à la leur un tel mouvement rotatif qu'elle remplace, ou à peu près, celle qu'elle chasse ; c'est ce qui peut s'appeler le suprême de l'art.

Les Ecus ou le Cochonnet

Le jeu d'*écus* ou de *cochonnet* s'appuie sur le même principe et la même règle que le jeu de boules, mais les boules sont remplacées par des pièces de cinq francs en argent, et le *but* ou *cochonnet* par une pièce de un ou deux francs.

Il se joue à l'intérieur des habitations, presque toujours sur les carreaux en terre cuite en formant le pavé ; les points se comptent de la même manière que dans le jeu de boules, mais pour qu'un point compte double il faut que la pièce, au lieu de toucher le but, se trouve dessus.

Il existe à Iviers de bons joueurs de cochonnet.

Les Cartes

Les jeux de cartes que l'on pratique le plus à Iviers sont ceux d'écarté et de mariage, connus de tout le monde, et celui du *plus de points* ; ce dernier n'est qu'une sorte de jeu d'écarté simplifié dans lequel les joueurs, lorsque chaque donne est jouée, comptent la valeur conventionnelle attribuée aux cartes ; celui qui a le plus grand nombre de points est le gagnant. Le jeu de piquet, qui, il y a dix ans, n'était que très peu pratiqué ici, se joue de plus en plus aujourd'hui.

Quelquefois, après diverses parties dont les unes ont été gagnées et les autres perdues, on joue ce que l'on appelle le *baudet* ; les perdants du *baudet* paient toutes les consommations absorbées jusque-là par les joueurs de la partie.

Le Billard

Il y a cinq ans, deux billards existaient à Iviers chez deux débitants ; il n'en existe aujourd'hui dans la commune qu'un seul, possédé par un particulier.

Le Tir à l'Oie

Un jeu encore en grand honneur à Iviers, est le *tir à l'oie*, plus connu sous le nom de *tir au lapin* ; il ne se pratique généralement que par les belles journées d'automne.

Une *potence* en bois, d'une hauteur d'un mètre trente à un mètre cinquante centimètres, est fixée solidement dans le sol ou, plus ordinairement, sur un pied en bois assez large pour la maintenir en équilibre ; un montant, en bois également, se trouve devant la potence, au-dessous de la barre transversale dont il est séparé par un espace vide de cinq à six centimètres.

On pend à l'intérieur de la potence soit une oie, ce qui se fait rarement aujourd'hui, soit un canard, une poule, un coq ou, plus communément, un lapin que tous les joueurs paient, part égale, en proportion de leur nombre qui est illimité. S'il s'agit d'un volatile on le pend par la tête, s'il s'agit d'un lapin on le pend par une patte, de manière à placer en face de l'ouverture la partie grêle des os ou le cou de l'animal.

Chaque joueur est muni d'un solide bâton d'environ deux mètres de longueur ; il se place à une vingtaine de pas de la potence, fait tournoyer le bâton au-dessus de sa tête et le lance très vigoureusement de manière à le faire passer dans l'intervalle libre et à couper ainsi la patte du lapin ou le cou du volatile. L'animal qui compose l'enjeu appartient au joueur qui l'a fait tomber ou, selon l'expression usitée, qui l'a *décroché*, lequel est dans l'obligation de payer une consommation au joueur venant immédiatement après lui. Quelquefois, à la tombée de la nuit, les coups ne sont plus aussi précis que dans le jour et l'on arrive plus à faire tomber l'enjeu ; on le joue alors *à l'as de cœur* au moyen d'un jeu de cartes ; celui à qui le premier échoit trois fois l'as de cœur est proclamé gagnant.

Autrefois on pendait vivants tous ces animaux ; l'adoucissement des mœurs et les règlements de police ont modifié cette coutume et, aujourd'hui, ils sont préalablement mis à mort.

Dans la plupart des communes où le tir à l'oie est en honneur, c'est dans la cour des estaminets ou dans une pâture qu'il se joue, mais à Iviers c'est le plus souvent, sur la route.

Ce jeu a le mérite de donner de l'exercice à tout le corps ; il exige une grande habitude et, surtout, beaucoup de force et d'adresse.

Fête nationale

La fête nationale, qui se célèbre à une époque où beaucoup de familles ont quitté le pays pour aller faire la moisson, ne présente guère d'animation à Iviers. A part quelques parties de boules et une revue, passée par le maire, de la section des sapeurs-pompiers, il n'y a d'intéressant à signaler que la tombola offerte gratuitement aux enfants par le conseil municipal. Cette tombola ne comprend que des objets utiles et il est bien amusant de voir chacun de ces enfants s'avancer successivement pour recevoir le lot que le sort lui a assigné.

Le soir un bal a lieu sur la Place.

Fête patronale

La fête patronale annuelle d'Iviers, dite jadis *paroissiale* ou *baladoire,* se faisait anciennement au mois de juillet ; elle s'ouvre actuellement le troisième dimanche de septembre.

Dès le commencement du mois, les ménagères conservent leurs œufs et leur beurre pour préparer, en temps opportun, les flans, tartes et gâteaux indispensables à toute fête qui se respecte.

Le jeudi et le vendredi qui précèdent la fête sont exclusivement consacrés à la confection des pâtisseries, et le samedi au nettoyage des habitations ; c'est le moment où les ménagères sont le plus facilement irritables. Pendant ces trois jours, les bouchers de Brunehamel (ils sont deux habituellement) viennent tuer et débiter chacun un bœuf qui est préalablement promené dans tout le village.

Avant 1870, les jeunes gens se réunissaient le samedi, veille de la fête, après-midi et jouaient aux boules et aux cartes jusque la tombée de la nuit. Ils commençaient ainsi la fête qui devait se continuer le lendemain et jours suivants. Ces divertissements du samedi s'appelaient *aubades* et l'on disait des jeunes gens qu'ils *faisaient les aubades.*

A notre époque, le samedi les hommes et les enfants vont chez leurs parents ou amis qui habitent les environs, porter quelques flans et gâteaux, car il faut que tout le monde fête.

Le dimanche arrivé, la Place, avec son tapis de verdure, se trouve complètement transformée ; elle est en partie occupée par les baraques des saltimbanques, les tirs, les marionnettes, les marchands de sucre, en un mot par ce que l'on appelle les *marli-fiches* et les *merligaudiers.* Les chevaux de bois, quand il y en a, sont placés à une extrémité tandis qu'en face des baraques, sur l'autre côté de la Place, se trouve la charrette enguirlandée sur laquelle est construit un charmant berceau de feuillage sous lequel viendront bientôt prendre place les musiciens composant l'orchestre pour le bal.

Le nombre de ces musiciens varie suivant le nombre des célibataires de quinze ans et au-dessus qui travaillent à Iviers ou l'habitent au moment de la fête, chacun de ces derniers, appelé *garçon de fête,* devant contribuer, par portion égale, à solder le déplacement et la nourriture des musiciens pendant tous les jours de la fête ; cependant, les jeunes gens qui paient pour la première fois et ceux qui, ayant tiré au sort, sont ajournés par le Conseil de révision, ne sont astreints à verser que moitié de la part contributive des autres ; les militaires ne versent rien. Les jeunes gens qui, d'avance, ne s'engagent pas à payer ne dansent pas ; c'est la règle, et bien mal avisé serait celui qui l'enfreindrait.

Au sortir de la messe, pendant le cours de laquelle les musiciens du bal se font quelquefois entendre, quelques parties de boules s'engagent et, après avoir absorbé quelques consommations en guise d'apéritif, chacun rentre chez soi où un grand dîner réunit, dans chaque famille, parents et amis.

Le dîner terminé les hommes se rendent dans les auberges où l'on boit ferme ; de sérieuses parties de cartes et de boules s'engagent, mettant partout la gaîté et l'animation.

Le soir l'animation est au moins aussi grande sur la Place, éclairée pour la circonstance de lanternes vénitiennes et où le bal et autres amusements battent leur plein.

Rappelons qu'à Iviers, comme dans presque toute la Thiérache, l'accès du bal est entièrement libre et les danses absolument gratuites, les musiciens étant payés par les *garçons de fête.*

Le lundi matin a lieu la manœuvre de la pompe à incendie et, à l'issue de la messe dite *des morts*, les jeunes gens, musique et commission de fête en tête, parcourent le village et se rendent sur la Place où ils dansent. La fête se continue et dure jusqu'au mardi soir.

Au temps où le village était encore populeux, la fête d'Iviers était une des plus belles de la contrée ; on y venait en grand nombre, quelquefois d'assez loin, et elle durait jusqu'au mercredi soir.

Le mercredi était réservé à une fête tout à fait spéciale connue sous le nom de *fête des c...s.* Les jeunes gens, garçons et filles, se réunissaient sur la Place à une heure convenue et, au son de la musique, parcouraient toutes les rues de la commune en dansant devant la porte des estaminets où ils entraient prendre des consommations. Pendant la promenade quelques filles et garçons, portant en réserve des rubans de couleur jaune qui est, paraît-il, la couleur de prédilection des époux trompés, entraient dans les habitations et, bon gré mal gré, attachaient sur la poitrine des épouses et maris, trompés ou non, un morceau de ruban. Les *decorés* donnaient quelque menue monnaie qui servaient à payer les rafraîchissements et les musiciens.

Cette fête du mercredi a été abandonnée depuis dix à douze ans. Il y a quelques années les jeunes garçons ont essayé de la faire revivre ; ils ont demandé aux demoiselles, qui ne payent rien d'habitude, de verser chacune une somme modique pour aider à payer la musique, ce qu'elles firent sans se faire prier. Au moment du règlement, on constata qu'il existait un petit boni que quelques jeunes gens décidèrent de boire à la santé de ces demoiselles ; mécontentes du procédé, ces dernières n'ont plus rien voulu verser par la suite.

Ce n'est que depuis l'année 1894 que les *garçons de fête* nomment une commission d'organisation qui doit recevoir les fonds et régler les dépenses ; précédemment, les cinq plus âgés des célibataires étaient chargés de ce règlement. La première commission d'organisation, nommée à l'occasion de la fête des 16, 17 et 18 septembre 1894, était composée de MM. A. Guillaume, président ; J. Charlier, secrétaire ; G. Gervais, trésorier ; V. Hotte et A. Bienfait, membres.

Le troisième dimanche qui suit celui de la fête patronale a lieu le *requet* ou *racceroc* de la fête ; ordinairement on n'y trouve plus de baraques mais on y danse.

Fête d'Aurieux

Le quartier d'Aurieux a aussi sa fête annuelle qui se fait le dimanche et le lundi de la Pentecôte, en face l'auberge occupée actuellement par M. Crampont, boulanger et débitant.

Fête de Corneaux

Le hameau de Corneaux célèbre chaque année sa fête qui est fixée au troisième dimanche après Pâques. Cette fête, dite de *Saint Joseph*, se faisait naguère le 19 mars, et c'est, dit-on, à la demande du curé actuel que les habitants ont consenti à changer ce jour.

On y fait quelques parties de boules et de cartes mais il n'y a presque jamais d'autres divertissements ; on y a cependant quelquefois dansé.

Fêtes particulières

Plusieurs débitants font, de temps à autre, ce que l'on appelle une fête d'auberge, où la jeunesse du pays vient se distraire et danser quelques heures.

Les sabotiers le jour de Saint Joseph, et les cordonniers le jour de Saint Crépin, se réunissent pour prendre ensemble quelques consommations et faire quelques parties de cartes ou de boules.

Le jour de Sainte Catherine les jeunes filles offrent un bal aux jeunes gens ; ce sont elles qui en font tous les frais et qui, par dérogation à la règle généralement suivie, invitent les jeunes gens à la danse. A Saint Nicolas, les jeunes gens offrent à leur tour un bal aux jeunes filles.

Le Carnaval

Le carnaval ne se fête pour ainsi dire pas à Iviers ; il n'y a que le jour du mardi gras que l'on voit les jeunes gens, déguisés et masqués, aller en bande de maison en maison, quêter quelques sous pour faire un repas dans une auberge quelconque du village.

Les enfants vont aussi quelquefois quémander en chantant :

> Saint Pansard n'a pas mangé ;
> Qu'avez-vous à lui donner ?
> Un petit morceau de gras,
> Coupez haut, coupez bas,
> Pour faire son mardi gras.

La Course à l'Ane ou au Baudet

La *course à l'âne*, ou *au baudet*, comme on l'appelait le plus souvent, n'a pas eu lieu à Iviers depuis une cinquantaine d'années, très probablement parce que l'occasion ne s'est pas présentée ; nous croyons cependant utile d'en dire quelques mots.

Elle se faisait principalement au préjudice de personnes mariées ayant une conduite légère. Un joyeux compère, représentant le coupable que l'on voulait flétrir ou tourner en ridicule, montait à califourchon sur un âne, la tête orientée vers la partie la moins noble de l'animal et tenant la queue pour guide. D'autres farceurs menaient le quadrupède par la bride et un cortège bruyant suivait, couvrant de lazzis circonstanciés le personnage à conspuer. On traversait ainsi plusieurs rues du village et l'on rentrait ensuite chez soi, enchanté de la farce jouée au promoteur malgré lui de la cérémonie.

SUPERSTITIONS

La croyance aux sorciers, aux sorts jetés, les vaines observances, les histoires de revenants, n'ont pas perdu tout crédit à Iviers où l'on trouve encore beaucoup de personnes superstitieuses dont la crédulité est exploitée par quelques malins[1].

Si le malheur s'acharne sur une famille, si les récoltes sont mauvaises ou si une maladie, quelquefois occasionnée par le défaut de soins, sévit sur les bestiaux, on en accuse un *jeteur de sorts* quelconque, car certaines personnes passent pour *jeter des sorts*.

Pour ne citer qu'un exemple, absolument authentique, rappelons qu'en 1882 un naïf, dont nous ne voulons pas livrer le nom à la postérité, a appelé une de ses parentes devant la justice de paix d'Aubenton pour la faire condamner à des dommages intérêts parce que, disait-il, elle lui avait *jeté un sort* qui lui faisait mourir ses vaches. Elles mouraient en effet, mais c'était le défaut de propreté qui occasionnait la maladie qui les enlevait. Le juge de paix ayant demandé mais n'ayant pu obtenir la preuve qu'un sort avait été jeté, l'appelant fut débouté de sa demande.

La médecine empirique est encore en honneur et, trop souvent, l'on n'appelle le médecin que lorsque la maladie s'est aggravée au point de devenir funeste.

---

1. N'a-t-on pas vu naguère un instituteur, au préjudice duquel on avait commis un vol, faire demander à une somnambule de lui indiquer le nom du voleur !

Une croyance, presque générale chez les cultivateurs du pays, est celle qui attribue au buis bénit le jour des Rameaux le pouvoir de préserver de la grêle les champs sur lesquels on le dépose.

Pour éviter, croient encore les cultivateurs, que le blé qui se trouverait près des haies soit mangé par les oiseaux, il faut le semer le même jour que celui de Noël, c'est-à-dire que si Noël doit être un lundi, par exemple, il faut semer un lundi.

Quand une personne désire quelque chose et veut amener une ou plusieurs autres personnes à faire ce quelque chose, mais que ces dernières s'y opposent, la première fait dire des messes et les réfractaires, *poussés par les messes,* arrivent à faire ce qu'elle désire. Nous avons entendu quelqu'un nous dire textuellement ceci : « Y n'vouliont point mais is ont été poussès paux messes et » il a bè fallu qu'is y arrivonssent », ce qui se traduit par « Ils ne » voulaient pas mais ils ont été poussés par les messes et il a bien » fallu qu'ils y arrivent ».

Une autre croyance est celle qui accorde à certaines personnes, le plus souvent des prêtres, le pouvoir de *couper le feu,* c'est-à-dire, lors d'un incendie, de l'arrêter juste à un endroit déterminé, par des prières spéciales accompagnées de mots et gestes cabalistiques. Cette croyance est profondément enracinée chez certaines gens, les vieillards principalement, et, le 13 septembre 1896, un prêtre d'une commune voisine a pu dire devant quelques paroissiens attentifs que, en 1895, il avait dit des prières pour arrêter les incendies et « qu'il avait réussi ».

Les feux follets, connus sous le nom de *freluquins* ou *ferluquins,* ont aussi le don d'exciter l'imagination des superstitieux qui se figurent que ces flammes légères et fugitives, produites par les émanations du gaz hydrogène phosphoré dans les endroits marécageux et les cimetières, sont les âmes des trépassés qui s'envolent, qu'elles égarent les voyageurs, ou encore s'attachent aux roues des voitures pour précipiter ces dernières dans la rivière ou dans quelqu'autre endroit dangereux.

L'effet magique, et en même temps funeste, attribué aux nombre 13, a énormément d'adeptes à Iviers.

HABITATIONS

La construction des habitations est, à Iviers comme un peu partout, étroitement liée à la constitution géologique du sol et au grand moteur de toutes choses : l'argent.

La population d'Iviers étant relativement peu fortunée, les habitations s'en ressentent évidemment ; elles sont presque toutes composées de fondations et soubassements en silex et pierres blanches, et de murs en bois lattés et remplis par un torchis fait de terre argileuse mélangée avec du foin ; faire un mur de cette façon s'appelle *plaquer*. Le *placage* terminé, on le recouvre de feuillets en bois de sapin pour le préserver des intempéries ; ces feuillets, ainsi employés, prennent à Iviers le nom de *bauches* ; les poser c'est *baucher* le bâtiment. Une construction établie de la sorte et avec ces matériaux ne dure malheureusement pas très *longtemps* ; afin de parer à cet inconvénient, certaines personnes font recouvrir le placage d'un crépi au mortier ou au plâtre et lui donnent par ce fait un moyen de conservation supérieur au *bauchage* ; peu de maisons cependant sont crépies.

Avant 1850, l'église, le château et l'étude de notaire étaient à peu près les seules constructions d'Iviers faites de briques et pierres ; depuis cette époque plusieurs maisons et bâtiments, en petit nombre toutefois, ont été construits en briques.

Anciennement, presque toutes les maisons étaient couvertes de paille et ce n'est que vers le milieu du dix-huitième siècle, que l'usage des ardoises prit de l'extension ; la proximité des ardoisières des Ardennes y a, du reste, beaucoup aidé.

Un arrêté du maire de la commune d'Iviers, en date du 17 janvier 1844, a interdit la construction des couvertures en paille et la réparation de celles alors existantes ; on ne voit plus aujourd'hui que cinq maisons couvertes en chaume.

Le recensement de 1872 constatait l'existence de 317 maisons, celui de 1896 n'en indique plus que 261. En 24 ans, 56 ont donc disparu soit par suite d'incendie, soit par suite de démolition.

DEUXIÈME PARTIE

DEUXIÈME PARTIE

Iviers *(portion centrale)*

La Gaule était, avant la conquête romaine, divisée en trois races de peuples qui se distinguaient par le langage. L'une d'elles, la race gauloise proprement dite, se divisait en deux branches : la branche gallique et la branche kymrique. Cette dernière était composée de Kymris purs ou Belges, répartis en vingt-trois tribus parmi lesquelles se trouvait celle des Veromanduens (Vermandois) dont Iviers faisait très probablement partie puisque Jules César écrit, dans ses commentaires, que l'Aisne est à l'extrémité du territoire des Rèmes (Rémois).

Après la conquête, et antérieurement au traité de Verdun (843) qui assigna à Charles le Chauve la partie de la Gaule qui prit peu après le nom de *France*, le territoire d'Iviers fit partie du domaine royal et fut donné à un leude avec d'autres territoires dont Rozoy-sur-Serre était le chef-lieu.

La seigneurie de Rozoy appartenait en 1015 à Hildegaud, en 1113 à Gérard de Rozoy et en 1115 à Roger dit Clérembault. La terre d'Iviers fut ensuite distraite de ce fief, dont elle releva cependant encore, et partagée entre plusieurs seigneurs particuliers.

Une partie fut attribuée à la famille de Rozoy ; nous nous occuperons ci-après au titre : *Corneaux et le Bois des Nuées*.

L'autre partie, celle sur laquelle est aujourd'hui assis le village, devint la propriété de Viard d'Ischy qui, en 1136, du consentement de sa femme Béatrix, sœur de Coswin seigneur de Pierrepont, la donna avec *Yverol*[1] à l'abbaye naissante de Cuissy. Cette donation fut faite par Wiard d'Ischy le jour où ses filles prenaient le voile au couvent de Gérigny établi en 1130 près du village actuel de Rocquigny, département des Ardennes. [*Martin, Essai sur Rozoy*].

Il est à peu près certain qu'Iviers reçut une charte de fondation comme il en fut donné une à Landouzy-la-Ville en 1168, et une autre aux manants et bourgeois d'Aubenton en 1238 ; malheureusement nous n'avons pu rien découvrir à ce sujet.

L'abbaye de Cuissy, qui était encore propriétaire en 1306 de la partie du territoire d'Iviers dont elle avait été gratifiée, la vendit très probablement car en 1380, et aussi en 1392, Jean de Moy, prévôt de Laon, marié à Marguerite de la Planque, était seigneur de Parfondru et d'Iviers. Cependant l'abbaye de Cuissy avait dû conserver la propriété d'une portion de ce territoire ; ce qui nous amène à faire cette supposition c'est l'indication, que nous avons trouvée dans les actes notariés passés jusque vers le milieu du dix-septième siècle, du « terroir de Cuissy ». Le terroir de Cuissy se trouvait situé entre le terroir d'Iviers et le « terroir de Corneaux » ; il aboutissait d'un côté « au grand chemin conduisant d'Iviers à » Corneaux », et d'un autre côté « au chemin conduisant d'Iviers à » Cuiry ». Sur le terroir de Cuissy était établi un moulin à eau, désigné sous le nom de *Rémolu*, duquel dépendaient des bois et bosquets, un étang et une tour dont nous avons encore constaté l'existence au 28 décembre 1657.

En 1580, le détenteur de la seigneurie d'Iviers était César de Margival, chevalier, seigneur de Salency en Picardie, Brunehamel et autres lieux, marié à Anthoinette d'Espoix.

Le 11 septembre 1609 cette seigneurie était possédée par « hault » et puissant seigneur » messire Léonard de Moy, seigneur de Vraine, Elbeuf, Aubray, Riberprés, Iviers et autres lieux, chevalier de l'ordre du roi et gentilhomme ordinaire de sa Chambre, capitaine de cinquante hommes d'armes de ses ordonnances, qui avait épousé Anne de Margival, l'une des trois filles de César de Margival, et habitait le château d'Elbeuf.

Il dépendait alors de la seigneurie d'Iviers une ferme, portant le

---

1. Yverol était un fonds de terre situé entre la Cense de Corneaux et le territoire de Saint-Clément. Il fut indiqué dans le dénombrement du Comté de Bancigny, de 1668, sous le nom d' « Yvreul » et fait aujourd'hui partie du territoire de Saint-Clément où il forme un lieudit connu sous le nom de « Fonds d'Yvreux ». En 1728, Jacques de Hardy était « seigneur d'Yvreux » et demeurait à Saint-Clément.

nom de *Maison* ou *Cense de Carnière*, qui comprenait un corps
de logis à deux étages construit en briques, couvert en ardoises,
avec tours, écuries, étables, fournil, de mêmes construction et
couverture ; grange bâtie en bois, couverte en paille ; cour ; neuf
muids et demi d'héritage dont un muid et demi de pré, le tout en
une seule pièce, et tenait du midi au chemin du Roulis, des Rou-
liers ou de la Rouillie. Cette ferme servait de pied à terre au seigneur ainsi que le constate le bail fait le 16 septembre 1613, par
Léonard de Moy à Jean Beliesne charpentier à Iviers, moyennant
cent livres tournois par an, de « une maison bastie et édifiez de
« briques, le lieu apellé la maison de monsieur de carniere comme
« il se comporte avec les terres pres estangs et choses en deppen-
« dans », aux termes duquel le bailleur s'est réservé une partie
de « lad. maison avec une escurie pour soy loger luy ses gens et
« ses chevaulx lorsqu'il viendra en ce pais ».

L'indication, contenue en ce bail, de « maison de monsieur de
« carniere », nous porte fortement à croire qu'antérieurement à
César de Margival, cette partie de la terre d'Iviers se trouvait
appartenir au seigneur de Carnière, fief situé sur le territoire de
Luzoir, ou encore aux seigneurs de Carnières, près Cambrai, qui
auraient fait édifier ladite maison ; les nombreuses recherches que
nous avons faites afin de découvrir quelque renseignement certain
à ce sujet ne nous ont, malheureusement, donné aucun résultat.

Le 12 janvier 1615 Léonard de Moy était de présence à Iviers et
achetait, pour le prix de « sept vingt dix livres », de Catherine de
Bennes, veuve de Christophe du Bois, en son vivant écuyer, seigneur de Sévigny en partie, les droits appartenant à cette dame
« a cause et par le debces de Charles de Bennes son nepveux ce
« consistans en heritages ou autres quoy que ce soit en quoy que
« les d. droits se puisse consister assis tant au terroir diviers lieu-
« dit le moulin goujeon, aubenton que terroirs circonvoisins ».
Cette acquisition pourrait laisser supposer que la situation pécu-
niaire de Léonard de Moy était bonne ; c'était cependant le contraire qui existait. En effet, en cette même année 1615, ses biens
furent saisis à la requête de M. d'Incarville et d'Anne de Martin,
dame de Melleville et de Malicy, veuve de François Tardieu, tant
en son nom qu'au nom et comme tutrice de ses enfants, demeurant tous à Paris, et le 6 mai 1616, Husson Junelet, « commissaire
« estably en la terre et seigneurie diviers et aultres lieux saisy
« sur les sieur et dame de Vraine », présenta son compte de recettes et dépenses pour être examiné avec Alexandre Legrand, « grand

« premier domestique » dudit sieur de Vraine et son fondé de pouvoirs général et spécial. Malgré cette saisie, Léonard de Moy et sa
femme, par l'intermédiaire de leur intendant Vespasien de Pré-
vault, seigneur de la Chesnée, obtinrent, le 3 juin 1618, de Pierre
Wallery meunier des moulins d'Iviers, la remise d'une somme de
cent cinquante livres sur ce qu'il pouvait devoir. Toutefois Wallery,
en homme prudent, ne remit les fonds que contre l'engagement
écrit et personnel dudit intendant de les lui rembourser s'il était
inquiété par la suite.

Anne de Martin resta plusieurs années créancière de Léonard
de Moy car, aux termes d'un acte du 18 mars 1620, Alexandre
Legrand, toujours en sa qualité de fondé de pouvoirs, louait pour
neuf ans à Nicolas Loppin, marchand demeurant à Iviers, la terre
et seigneurie d'Iviers avec toutes ses dépendances, droits de basse,
moyenne et haute justice, la jouissance de tous ses droits seigneuriaux, les moulins à eau et à vent, prés, tenures, jardins, maison
et étables, à charge d'entretien, moyennant un fermage de six
cents livres tournois d'argent stipulé payable chaque année, le
jour de Noël, à ladite Anne Martin demeurant en la ville de Paris
en l'acquit et décharge des seigneur et dame de Vraine, et encore
sous la réserve au profit dudit seigneur, de « partie de la maison
« d'Iviers pour y loger quand il viendra » et des amendes de
soixante sols parisis et au-dessus.

Cette situation ne pouvait se prolonger indéfiniment et, dans le
courant des mois de janvier et février 1624, Léonard de Moy et sa
femme vendaient tous les droits seigneuriaux et propriétés qu'ils
possédaient, notamment sur Iviers, Cuiry-les-Iviers, Morgny et
Mont-Saint-Jean, moyennant des prix qui servirent très certainement à rembourser Anne de Martin.

La vente de la terre et seigneurie d'Iviers fut faite le 10 février
1624, par acte passé devant Manceau notaire à Sévigny, à Pierre
Le Picart, écuyer, seigneur de Sévigny, Any, Leuze et autres lieux,
demeurant au château de Sévigny, marié à Charlotte d'Havrech.

Plusieurs écrivains disent que Pierre Le Picart était seigneur
de *Résigny*. Nous tenons à faire observer qu'*aucun* des écrits et
actes authentiques concernant Pierre Le Picart que nous avons
tenus et examinés, ne mentionne ce titre de seigneur de *Résigny*,
mais bien celui de seigneur de *Sévigny*, que ces écrivains n'indiquent même pas. Le fils de Pierre Le Picart, François Le Picart,
dont nous allons parler plus loin, *parait* avoir été seigneur de
Résigny ; cela n'est pas certain, et il n'y a qu'en ce qui concerne

le fils de ce dernier, prénommé également François, dont nous parlerons aussi, que le doute n'est pas permis relativement au titre de seigneur de *Résigny*. Il se peut parfaitement que le premier chercheur se soit trompé et que ceux qui ont suivi aient reproduit son erreur sans prendre la peine de la contrôler.

Nous avons remarqué que Pierre Le Picart affectionnait Iviers où il se trouvait très souvent. Il ne parait pas avoir eu beaucoup de chance avec ses fermiers de la Cense de Carnière, qu'il a louée pour la première fois, le 10 août 1624, à Etienne Lenoir et que, pendant l'année qui s'est écoulée depuis le 27 octobre 1632 jusqu'au 28 octobre 1633, il a louée trois fois à trois fermiers différents dont l'un a cédé ses droits à un quatrième. La première de ces trois locations a été faite le 27 octobre 1632 à Pierre Chemin, marchand à Dohis, moyennant 180 livres tournois par an ; la deuxième, le 14 novembre de la même année, moyennant 170 livres par an, à Jean Tonnelier, taillandier à Iviers, qui a cédé son bail, le 11 juillet 1633, à Charles Ravaux de Besmont, et enfin la troisième, le 28 octobre 1633, à Jean Chevalot, de Dohis, moyennant 170 livres.

Pierre Le Picart eut deux enfants : Marie Le Picart et François Le Picart.

En 1637, lors de son mariage avec messire Henry de La Fontaine, chevalier, seigneur de Bitry, Saint-Pierre et autres lieux, dont la famille était alliée à celle de notre grand fabuliste, Marie Le Picart vit passer entre ses mains une partie de la seigneurie d'Iviers.

L'autre partie, comprenant au moins la Cense de Carnière, était en 1640 la propriété de François Le Picart, chevalier, frère de Marie Le Picart, qui la possédait encore en 1670 car le 14 décembre de ladite année, Françoise Lescoyer demeurant à Iviers, veuve de Nicolas Lefebvre, se reconnaissait débitrice d'une somme non déterminée, envers « M. de Sévigny seigneur en partie d'Iviers à « cause de la Cense de Carnière que led. Lefebvre tenait à ferme « dud. sieur de Sévigny ».

Le 7 février 1671 Pierre Le Picart était décédé. François Le Picart l'était également laissant un fils, François Le Picart, seigneur et marquis de Résigny, maréchal de camp des armées du Roi, gouverneur et grand bailli de Chauny, chevalier de Saint-Louis. Il est supposable que François Le Picart, premier du nom, avait, peu de temps avant son décès, abandonné à sa sœur, Marie Le Picart, les droits lui appartenant dans la seigneurie d'Iviers car François Le Picart, deuxième du nom, qui a épousé Marie de La Fontaine sa cousine germaine dont il sera question ci-après, semble n'avoir possédé aucun droit dans ladite seigneurie ainsi qu'on va le voir ; il se pourrait aussi que ce dernier ait lui-même, aussitôt la mort de son père, cédé à Marie Le Picart la part qu'il avait recueillie par suite de ce décès.

A l'époque que nous venons d'indiquer (7 février 1671), Marie Le Picart était veuve, habitait Paris et était « logée rue de la Ca- « lendre ou pend pour enseigne la Rose blanche paroisse de S^t « Germain le Vieil ». Elle mourut en cette même année 1671, laissant la propriété de *la totalité* de la terre d'Iviers à Marie de La Fontaine de Bitry et Henry-Charles de la Fontaine de Bitry, ses deux enfants qui, le 2 octobre 1671, en qualité de « seigneur « et dame d'Iviers », firent constater l'état de la Cense de Car- nière par procès-verbal régulier dans lequel nous trouvons ceci : « il faut remurer la porte d'une tour qui est du côté d'occident et « qui fait le coin de la maison ; il faut restaurer l'entrée d'une « autre tour qui est du côté d'orient, qu'il faudra démonter jus- « qu'au premier étage ».

Marie de La Fontaine et son frère paraissaient ne pas s'entendre de façon parfaite et, en 1679, Henry-Charles de La Fontaine, sans avoir égard aux droits de sa sœur, loua seul la Cense de Carnière à Jean Baillet d'Iviers. L'année suivante des conventions verbales intervinrent entre le frère et la sœur et, le 5 décembre 1680, Marie de La Fontaine, « comme seule dame d'Iviers », louait à son tour ladite Cense à Jean Robinet de Dohis. Les conventions dont nous venons de parler ne furent toutefois régularisées que le 6 février 1681, en un acte reçu par Guyot et son collègue notaires au Châ- telet de Paris, aux termes duquel la terre d'Iviers se trouva appar- tenir à « damoiselle Marie de La Fontaine, fille majeure d'ans « demeurant à Paris ». Aussitôt en possession d'un titre lui confé- rant régulièrement la propriété de la Cense de Carnière, et comme le même fonds ne pouvait être exploité simultanément par deux fermiers, Marie de La Fontaine demanda et obtint, le 1er avril 1681, la résiliation du bail fait par son frère ; la sentence, rendue par le maire-juge d'Iviers, ne donna que trois jours à Baillet pour démé- nager. (*Archives d'Iviers*).

Henry-Charles de La Fontaine possédait cependant encore quel- ques droits sur Iviers car, le jour même de la location à Jean Robinet de la Cense de Carnière, il avait, conjointement avec sa sœur, loué les moulins d'Iviers à un sieur Carlier, moyennant un fermage annuel de deux cent soixante dix livres pour le paiement duquel ils furent dans la nécessité de poursuivre le successeur de Carlier ; le jugement ordonnant le paiement fut rendu le 21 juillet 1681 à la requête de Henry-Charles de La Fontaine, chevalier, et Marie de La Fontaine, fille majeure, « seigneur et dame d'Iviers ».

Marie de La Fontaine, qui avait dû épouser peu après un sieur d'Orval, d'après diverses indications contenues aux archives d'Iviers, abondonna à son frère les droits qu'elle possédait dans la seigneurie d'Iviers et le 17 août 1683, messire Henry-Charles de La Fontaine de Bitry et Valentine de Harlus, son épouse, étaient seigneur et dame d'Iviers ; mais le 24 novembre 1684, ladite Valentine de Harlus, « épouse séparée de Henry-Charles de La Fontaine », était seule « dame dudit Iviers » et habitait Autrèches[1]. Le 22 janvier 1701 leur union était renouée, et dans un testament portant cette date, nous voyons qu'un des immeubles y désignés, sis au terroir d'Iviers, tient « d'une lisière aux prés de monsieur de « Bitry, seigneur dudit lieu » ; en outre, le 12 janvier 1704, en leur qualité de « seigneur et dame d'Autrèches et d'Iviers », ils font faire une visite des terres et prés dépendant « de la seigneu- » rie de Carnière »[2].

Ici encore, nous avons une remarque à faire. Certains auteurs prétendent que Marie de La Fontaine a, par mariage, porté Iviers à François Le Picart, son *oncle*, seigneur et marquis de Résigny ; nos recherches nous autorisent à croire que c'est une erreur. D'abord, nous avons vu plus haut que Marie de La Fontaine n'a pas épousé son oncle, mais bien son *cousin germain* ; ensuite, les actes que nous avons consultés, tant dans les archives communales que dans les minutes de l'étude d'Iviers, font mention de « Monsieur de Bitry » comme seigneur d'Iviers, jusqu'en 1712. Dans un inventaire, notamment, dressé le 19 mars de ladite année, après le décès de Jean François meunier d'Iviers, il est dit qu'outre différentes sommes dues à diverses personnes pour charrois de grains du moulin jusqu'au château, il est dû à « Monsieur de « Bitry » deux cent quarante livres pour loyer des moulins d'Iviers. A cette époque, « Monsieur de Bitry » était donc possesseur des moulins et du château d'Iviers ; il possédait aussi Carnière, ainsi qu'on vient de le voir. On est en droit de se demander ce que Marie de La Fontaine pouvait posséder sur Iviers.

---

1. Autrèches et Bitry font aujourd'hui partie du canton d'Attichy, département de l'Oise.

2. La ferme de Carnière était démolie depuis environ quinze ans.

Voici, de plus, la copie textuelle, extraite des archives de la commune de Résigny, des actes de décès de François Le Picart et de sa femme :

« L'an 1712 le dix huitième jour du mois de mars, par moi curé
« soubzseigné a été inhumé dans l'église de cette paroisse messire
« François le picart seigneur et marquis de Résigny aagez de
« soixante et quinze années environ ».

« L'an 1712 le vingt troysième jour du mois de mars est déceddé
« dame marie de bitry dame et marquise de Résigny aagez de
« soixante et quatorze ans ou environ. Son corps a estez inhumé
« dans l'église de cette paroisse le 25ᵉ dudit mois ».

Ces actes de décès, comme on peut le remarquer, ne font aucune mention du titre de seigneur ou dame d'Iviers qu'auraient pu posséder François Le Picart et sa femme.

Nous devons à l'obligeance de M. Edouard Bercet de pouvoir donner, au cours de cet ouvrage, la description des armes de plusieurs seigneurs d'Iviers. Celles de la famille de La Fontaine étaient : « Bandé d'or et d'azur de six pièces, les bandes d'or échi-
« quetées de gueules de trois traits » avec pour devise : « Tel fiert
« qui ne tue pas ».

Henry-Charles de La Fontaine de Bitry eut une fille, Marie-Françoise de La Fontaine, qui se fit religieuse et entra au prieuré de Longpré, ordre de Fontevrault, dont elle prit l'habit le 31 janvier 1704 (*Archives de l'Aisne*). Elle perdit de ce fait ses droits éventuels à la seigneurie d'Iviers et, au décès de son père arrivé en 1712, cette seigneurie passa aux mains de Louis Le Picart, marquis de Montreuil, Résigny et autres lieux, neveu de Henry-Charles de La Fontaine.

Quelques années plus tard, Louis Le Picart donna une partie de la terre d'Iviers à Catherine Le Picart, sa fille, à l'occasion du mariage de cette dernière avec messire Claude Couttier, chevalier, marquis de Souhé.

Suivant acte reçu par Mellin et Vieillart, notaires au Châtelet de Paris, le 5 décembre 1720, Catherine Le Picart constitua au profit de messire François Serand, chevalier, seigneur d'Averne, et de dame Madeleine de Bregny, son épouse, quatre cents livres de rente au denier cinquante, au principal de vingt mille livres, et donna en garantie les biens qu'elle avait reçus de son père.

Louis Le Picart était cependant resté possesseur de la majeure partie de la terre d'Iviers. En effet, le 28 septembre 1723, Jean-Baptiste Chappellart, demeurant à Iviers, voulant se faire recevoir

comme *sergent* en la Justice d'Iviers, comparaît devant le maire-
juge et présente un écrit, en date du 14 du même mois, par lequel
« Monsieur de Montreuil » lui a donné les pouvoirs nécessaires
pour exercer cette fonction ; en outre, Louis Le Picart habitait la
maison seigneuriale ou château d'Iviers et, dans un acte reçu par
M⁰ Boutillez, notaire à Aubenton, en l'année 1724, nous voyons
qu'un immeuble situé à Iviers dont il est question audit acte, tient
« d'une lisière à la ruelle qui conduit à la maison de Monsieur de
« Montreuil, d'un bout à la grange dudit sieur de Montreuil,
« d'autre bout à la rue qui conduit au grand chemin de Brûne-
« hamel ».

Au commencement de 1725, Catherine Le Picart était veuve et
habitait la maison de son père. Elle mourut très peu de temps
après et, le 3 septembre 1725, Louis Le Picart et Marie de Lépinois, son épouse, « comme héritiers de Catherine Le Picart, leur
« fille, dame et seigneur d'Iviers », s'obligèrent, par contrat passé
devant Martin et Dupuis, notaires au Châtelet de Paris, au paiement de la rente constituée le 5 décembre 1720, par Catherine
Le Picart au profit des époux Serand d'Averne, et donnèrent en
garantie les biens de la seigneurie d'Iviers dont la déclaration
suit :

« Une maison bâtie de briques, couverte d'ardoises, contenant
« chambre haute, cuisine et chambre et grenier au-dessus ; ber-
« gerie, cour et jardin, ladite tenure tenant du midi au ruisseau,
« du nord aux héritiers Aubert, du levant à Jeanne de Chappe, du
« couchant à la rue ;

« Un moulin à eau bâti de bois, couvert de paille, étang et la
« quantité de trente-six arpents de pré tant au-dessus de l'étang
« qu'au-dessous dudit moulin vers Corneaux, tenant du levant à
« Nicolas Gurdin, prêtre chanoine de Rozoy, du couchant au ter-
« roir de Corneaux ;

« Une pièce de terre appelée la Cense Bouchart, contenant
« douze jallois ou environ, tenant d'une lisière au chemin qui con-
« duit d'Aubenton à Montcornet, du nord au chemin qui conduit
« à la haie d'Aubenton, du midi au chemin qui conduit à Cor-
« neaux ;

« Une pièce de terre contenant douze arpents ou environ, au-
« dessus du moulin, tenant d'un bout au grand chemin ;

« Une autre pièce d'héritage, tant en terres qu'en prés, conte-
« nant deux cents arpents ou environ, lieudit appelé la Cense de
« Carnière, tenant du midi à plusieurs, du nord à la forêt d'Au-

« benton, du levant au terroir de Brunehamel, du couchant au
« chemin de la Rouillie ;

« Une tour à moulin bâtie de briques, appelée le moulin à vent
« d'Iviers, et toutes les terres et appartenances sur lesquelles il
« est situé ;

« Et généralement sur les fonds et héritages appartenant audit
« sieur de Montreuil et dame de Lépinois son épouse, venant de
« la succession de dame Catherine Le Picart leur fille comme
« dame et seigneur d'Iviers ».

Louis Le Picart, dont la femme était décédée en 1728 et dont les
armes étaient « d'azur à un lion passant d'or, armé et lampassé
« de gueules », habitait Résigny en 1732 et mourut en 1734, laissant
pour héritière Charlotte de La Fontaine, veuve de messire Nicolas
Morel, en son vivant chevalier, seigneur de Crémery, laquelle
conserva la terre d'Iviers jusqu'en 1742.

En vertu d'un décret de la Cour du Parlement de Paris, la seigneurie d'Iviers fut mise en adjudication le 28 juillet 1742 et
acquise par messire Pierre le Proux, écuyer, seigneur de Hennepieux, conseiller du roi, président trésorier de France en la Généralité de Soissons, demeurant au Nouvion-en-Thiérache.

Nous croyons devoir reproduire en son entier le procès-verbal,
que nous avons trouvé dans le bulletin de la société archéologique
de Vervins, de la prise de possession par Pierre Le Proux de la
terre et seigneurie d'Iviers :

« Aujourd'huy, dimanche, deuxième septembre mil sept cen^t
« quarante deux, au matin, s'est présenté à nous, notaire royal au
« baillage de Vermandois à Laon, à la résidence du bourg de
« Montcornet, y demeurant, soussigné, et présents les témoins ci-
« après nommés et soussignés, Messire Pierre Le Proux, écuyer,
« seigneur de Hennepieux, conseiller du Roy, président-trésorier
« de France en la Généralité de Soissons, demeurant au Nouvion-
« en-Thiérache, lequel nous a exposé que par adjudication par
« décret faite au greffe de la Cour de nosseigneurs de Parlement
« à Paris le 20 juillet dernier (1742), il a acquis la propriété de
« la terre et seigneurie d'Iviers-en-Thiérache, circonstances et
« dépendances, à lui vendue et adjugée sur dame Charlotte de La
« Fontaine, veuve de messire Nicolas Morel, vivant chevalier,
« seigneur de Crémery, héritière de feu messire Louis Le Picart,
« chevalier, seigneur de Montreuil et d'Iviers, de laquelle dite
« terre d'Iviers, consistante icelle terre ainsi que ses circonstances
« et dépendances en franc-alleu, ledit sieur Le Proux désirait

« se mettre en possession publique, pourquoi il nous a requis et
« requerrait vouloir l'assister en ladite prise de possession, et en
« dresser acte en la manière accoutumée et ordinaire ; à laquelle
« prise de possession, à la réquisition dudit sieur Le Proux, de
« lui accompagné, et assisté des personnes ci-après nommées prises
« pour témoins et à ce requises et soussignées, nous, notaire,
« nous sommes transporté au château et maison seigneuriale
« d'Iviers, diocèse de Laon et généralité de Soissons, où étant
« avec lesdits témoins, nous avons, de fait, mis ledit sieur Le
« Proux en possession réelle et actuelle de ladite terre et seigneu-
« rie d'Iviers, par l'ingression en la maison seigneuriale faite en
« notre présence par ledit sieur Le Proux, l'ouverture des portes
« et fenêtres des appartements, séance au foyer principal de la-
« dite maison seigneuriale, et transport dudit sieur Le Proux du
« château sur les terres arables de ladite seigneurie d'Iviers,
« muni d'une arme à feu laquelle ledit Le Proux a tiré sur les-
« dites terres ; ce fait, étant allé à l'église d'Iviers, les habitants
« dudit lieu y entrant pour ouir la messe paroissiale, étant entré
« dans ladite église, nous avons mis et installé ledit sieur Le
« Proux en la place ordinaire aux seigneurs et dames d'Iviers, et
« nous avons requis maître Jean Jouin, prêtre-religieux, en qua-
« lité de prieur et curé dudit lieu, de vouloir recommander ledit
« sieur Le Proux aux prières nominales en qualité de seigneur
« dudit Iviers, ce que le dit sieur Jouin, curé, a promis de faire,
« comme de fait il a fait et a signé avec ledit sieur Le Proux, au-
« dit nom, avec nous notaire, au présent procès-verbal qui a été
« fait publiquement audit lieu d'Iviers, en la présence de Pierre
« Canut, maire du lieu, d'Ambroise Maronnet et Jean-François de
« la Grange, témoins requis, habitants dudit Iviers, et autres prin-
« cipaux habitants, auxquels, après lecture faite des présentes,
« nous dit notaire avons enjoint de reconnaître ledit sieur Le Proux
« pour seigneur, sous les peines des ordonnances, lesdits jour et an ».

   Signé : « Le Proux ; F.-J. Jouin, prieur-curé d'Iviers ;
    « Pierre Canut, maire ; A. Maronnet ; J.-F. de la
    « Grange ; Lefèvre ».

Au bas du procès-verbal on lit :

« Reçu de Monsieur Le Proux, seigneur d'Iviers, la somme de
« soixante-dix livres et quatre sols pour les droits de l'acte et
« adjudication de la terre et seigneurie dudit Iviers appartenant
« audit seigneur Le Proux.

« Montcornet, ce 18 janvier 1743 ». Signé : « Delvincourt ».

Pierre Le Proux fit faire d'importants travaux au château d'Iviers où il mourut célibataire le 12 mai 1760. Il fut enterré dans l'église, où sa pierre tombale existe encore, en présence de François Le Proux, officier du roi, seigneur de Hennepieux, demeurant au « bourg du Nouvion », et de Pierre-Arnoult Le Proux, écuyer, garde du corps du roi, capitaine de cavalerie demeurant à Guise. La pierre tombale dont nous venons de parler reproduisait des armoiries, probablement celles de Pierre Le Proux ; elles ne sont plus complètes mais, d'après ce qui en reste, on peut les reconstituer ainsi : « Parti, les deux côtés bandés de neuf pièces « à quinze besants posés par trois sur cinq bandes alternées ; « couronne de comte surmontée d'une mâture avec pavillon flot- « tant à gauche ; supports deux lévriers ».

Pierre Le Proux eut pour successeur dans ses terres d'Iviers et Hennepieux, son frère François Le Proux, officier commensal de la maison du roi, qui mourut en son château d'Iviers le 10 avril 1776 et fut enterré dans l'église, en présence de ses neveux : François-Joseph Le Proux de la Framboisière, conseiller du roi, rapporteur du point d'honneur demeurant à Guise, Pierre-André Grangez du Rouet, écuyer, demeurant à Péronne et Armand-Gabriel Mennechet, conseiller du roi et son procureur en la mairie de Ribemont. Les armoiries de François Le Proux différaient sensiblement de celles indiquées ci-dessus ; elles étaient « d'azur « à la proue d'argent avec couronne de comte ; supports deux « lévriers », d'après la description que nous en a obligeamment donnée M. La Perche Le Proux, allié à la famille des anciens seigneurs d'Iviers.

Après le décès de François Le Proux, la seigneurie d'Iviers fut acquise par Pierre-Joseph Machelart, écuyer, conseiller secrétaire du roi, Maison et couronne de France et de ses finances. Machelart, issu, dit M. Bercet, d'une famille de gentilshommes verriers d'Anor, s'intitulait « seigneur haut justicier » d'Iviers ; il épousa Julie-Marie-Joseph d'Hennezel d'Anor et nomma, le 1er août 1779, Jean-Baptiste Paquet « comme garde-chasse, bois, rivières, étangs « et terroir » de la terre et seigneurie d'Iviers. Un acte de la Justice d'Iviers du 5 juin 1788 indique qu'à cette date Machelart, « ancien « seigneur d'Iviers », habitait Le Quesnoy. Son fils, Louis-Joseph-Marie-Médéric Machelart de Cuissy, officier au régiment de colonel général Hussart, épousa à Aubenton, le 29 avril 1789, Marie-Jeanne-Angélique-Opportune de Montozon ; dans l'acte de mariage de ce dernier, Pierre-Joseph Machelart est encore porté comme étant

« seigneur d'Iviers » quoique ne l'étant plus depuis deux ans.

Vers le mois de mars 1787, il avait, en effet, vendu la seigneurie d'Iviers à son parent par alliance, Louis-Gabriel d'Aguisy, chevalier, ancien officier d'infanterie, demeurant alors au château de Mainbresson, fils de Jean-Antoine d'Aguisy, chevalier, seigneur de Mainbressy, Mainbresson et autres lieux, et de Louise-Marguerite de Saint-Vincent.

Louis-Gabriel d'Aguisy avait épousé à Anor, le 5 février 1787, Marie-Thérèse-Joseph d'Hennezel, fille des défunts Clément d'Hennezel, seigneur d'Antigny, et Isabelle-Thérèse-Joseph Desfossez, en leur vivant de la paroisse de Trélon ; de ce mariage naquit un fils que l'on baptisa à Iviers, le 26 novembre 1787, sous le nom d'Antoine.

Le 28 juin 1787 d'Aguisy nomma Nicolas Duchesne, qui prêta serment le 12 juillet suivant, comme garde-bois, pêche et chasse de la terre et seigneurie d'Iviers. La lettre de nomination de Duchesne commence ainsi : « Nous très honoré seigneur Louis-« Gabriel d'Aguisy, chevalier, et dame Marie-Thérèse d'Aguisy « née d'Hennezel, seigneur et dame d'Iviers..... »

D'Aguisy, dont les armes étaient « d'argent à trois merlettes de « sable sans pied ni bec, deux en chef confrontées et une en « pointe », fut le dernier seigneur d'Iviers proprement dit. Le 20 décembre 1789 il habitait encore Iviers et faisait suivre sa signature, apposée au bas d'une délibération de l'assemblée municipale, de cette mention textuelle : « commendant la milice national ». Il quitta Iviers pour aller se fixer à Any dont il fut maire depuis le 10 prairial an VIII jusqu'au 18 juin 1813, époque à laquelle il fut nommé juge de paix du canton d'Aubenton. Il mourut à Any, qu'il habitait toujours, en 1832, étant membre du conseil d'arrondissement de Vervins.

Corneaux et le Bois des Nuées

Nous avons vu plus haut qu'en 1136 une partie de la terre d'Iviers était la propriété de Wiard d'Ischy.

L'autre partie comprenait la portion sud-ouest du territoire, le hameau de Corneaux, le Bois des Nuées, ainsi qu'une faible portion de l'ancien hameau d'Aurieux, et appartenait alors à Clérembaut, seigneur de Rozoy. Elle passa, peu de temps après, à son fils Renaud de Rozoy dont l'existence est constatée de 1140 à 1146, et fut ensuite distraite de la châtellenie ou baronnie de Rozoy, dont elle releva cependant encore, pour être comprise dans les dépendances du fief de Bancigny.

En 1170 elle était, ainsi que la terre de Bancigny, possédée par Gérard de Bancigny.

En 1208, Julienne de Rumigny était dame de Bancigny et confirmait un accord fait entre Roger, son fils, seigneur de Rozoy, et l'abbaye de Saint-Denis.

En 1220, Nicolas de Rozoy, frère de Roger, était possesseur des seigneuries de Marle, Brunehamel, Plomion et Bancigny, parconséquent de la partie du territoire d'Iviers qui nous occupe. Pourtant, dit M. Bercet, les seigneurs de Rozoy y avaient conservé quelques biens car, en 1235, Arnoul, sire d'Oudenarde, seigneur en partie de Rozoy par son mariage avec Alix fille de Roger, assura à sa fille mariée en 1225 à Jean, comte de Rethel, un revenu sur les biens qu'il possédait en Thiérache et en Porcien, notamment à *Yviers*, *Curei* et *Doys* (Iviers, Cuiry-les-Iviers et Dohis).

A la mort de Nicolas, survenue vers 1240, les seigneuries de Plomion et Bancigny passèrent à sa fille Julienne qui avait épousé, en 1237, Gauthier de Ligne, chevalier. C'est en qualité d'héritière de son père, rapporte M. Martin, qu'elle confirma une donation que celui-ci avait faite à l'abbaye de Thenailles au mois de mai 1238.

Julienne mourut sans postérité, quelques années seulement après son père. A sa mort, la terre de Bancigny devint la propriété de Marie de Rozoy sa sœur, marié à Godefroy de Louvain, des ducs de Brabant.

En 1254, Marie était veuve et dame de Bancigny *(Cartulaire de Saint-Michel)* ; elle l'était encore en 1289, époque à laquelle elle fit une transaction avec les religieux de Bonnefontaine, relativement à un différend survenu au sujet d'une acquisition, faite par ces derniers, de divers immeubles sur Mainbressy et Mainbresson.

Henri de Louvain, son fils, lui succéda peu après mais ne resta pas longtemps propriétaire du fief de Bancigny ou, ce qui est plus probable, en détacha une partie, notamment celle qui nous occupe, comme arrière-fief pour former le fief de Dohis, dépendant de celui de Bancigny, car un document sur parchemin, conservé aux archives nationales et relaté par M. Martin dans son *Essai sur Rozoy*, constate qu'à une date fixée entre 1295 et 1306, la terre totale d'Iviers appartenait à deux seigneurs particuliers qui étaient : l'abbaye de Cuissy pour la portion centrale, et Jean de Louvain pour le surplus faisant partie du fief de Dohis.

En 1326, le Bois des Nuées était la propriété de Jeanne de Brabant, dite de Louvain, fille de Jean de Louvain. Par son mariage avec Gérard de Hornes, qui était à cette époque seigneur de Bancigny, Jeanne de Brabant porta à ce dernier le Bois des Nuées.

Un dénombrement donné le 10 mai 1398 par Jeanne de Eudin, dame de Rozoy, nous apprend qu'à cette date la seigneurie de Bancigny était détentée par Thierry de Hornes.

En 1439, Philippe de Hornes, chevalier, était seigneur de Bancigny et Dohis. Il fit, en ladite année, le dénombrement de ces fiefs et de leurs appartenances et dépendances qu'il tenait « en foy et « hommage de Monseigneur le Comte de Nevers et de Rethel, « Baron de Rozoy, à cause des fiefs de son chastel de Rozoy ».

De ce dénombrement, qui constate que la partie sud-ouest d'Iviers, ainsi que Corneaux et le Bois des Nuées, sont du fief de Dohis, nous extrayons ce qui suit concernant Iviers :

« Valent les rentes au jour de Saint-Jean environ trente-trois « sols. Item pour les étalages au jour de Saint-Martin quatre « deniers et *souloient valoir*[1] environ trois sols. Item pour cens le « dimanche après la Saint-Martin dix sols. Les rentes au terme de « Noël environ trente-deux sols, six vingt onze chapons. Item pour « le terrage de ladite ville qui souloit valoir environ dix muids « d'avoine ; si est le labourage de ladite ville en ruine et, pour ce, « n'en a-t-on rien à présent. Somme d'Iviers environ neuf livres « dix-sept sols quatre deniers.

« Item de ce même fief, la maison de Corniaux, les courtils et « les appartenances à ladite maison, trente et un muids de terre « arable ou environ, et environ dix fauchées de pré qui souloient « valoir par an à cens, quatre muids de blé et quatre muids « d'avoine, que tout est en ruine pour le présent et ne rend rien. « Item appert encore en ladite maison environ dix-sept jallois de « bois qui souloient rendre par an environ vingt sols, et ne ren- « dent à présent rien.

« Item du même fief, le Bois des Nuées contenant environ vingt « sept muids qui souloient valoir par an environ seize livres et à « présent ne rend rien ».

En 1599, Bancigny fut érigé en comté en faveur de Gérard de Hornes, deuxième du nom. Ce comté relevait de Rozoy-sur-Serre et comprenait alors dans sa mouvance les villages de Bancigny,

---

1. Le vieux mot *souloir* signifiait *avoir coutume de* ; *souloient valoir* voulait dire *valent habituellement ou selon la coutume.*

Iviers en partie, Braye en partie, Cuiry-les-Iviers, Dagny-Lambercy, Dohis, Grandrieux, Harcigny, Jeantes, Morgny-en-Thiérache, Nampcelles-la-Cour, Plomion et Saint-Clément.

L'année suivante, le comté de Bancigny appartenait à Jean de Hornes, puis en 1630 à Honorine de Vaithen, qui, en qualité de comtesse de Bancigny, louait par acte de Pierre Roland, notaire à Aubenton, à Regnault Caron et Jean Bouchart, marchands, une coupe de quarante-neuf jallois dans le Bois des Nuées.

En 1652, messire François-Ambroise de Hornes était comte de Bancigny. *(Inscription sur la cloche de l'église de Bancigny)*[1].

Peu de temps après, le comté de Bancigny était la propriété de Eugène-Maximilien de Hornes, chevalier, qui le vendit, vers 1657, à Anne-Dieudonnée de Fabert, fille d'Abraham de Fabert, major au régiment de Picardie, créé maréchal de France en 1638 à la suite de sa belle conduite au siège de La Capelle en 1637, et de Claude de Clévent.

Au mois d'octobre 1657, Anne-Dieudonnée de Fabert, par l'entremise du cardinal de Mazarin, épousa Louis de Cominge, marquis de Vervins, premier maître d'hôtel du roi et son conseiller, dont elle devint veuve le 11 novembre 1663 après lui avoir donné un fils, Louis-Joseph, qui mourut à Vervins, le 2 novembre 1725.

Le 4 janvier 1668, elle donna à « haut et puissant » seigneur Armand-Charles duc de Mazarin, pair de France, comte de Rozoy, le dénombrement des terres, seigneuries et dépendances du comté de Bancigny. Voici un extrait de ce dénombrement, reproduit en entier dans le Bulletin de la Société archéologique de Vervins :

« 76. Item la terre et seigneurie de Dohis appartenances et « dépendances du fief d'icelle, en laquelle nous avons toutte justice, « haulte, moyenne et basse que nous faisons exercer par nosdits « officiers de Bansigny.

« 88. A nous seul et pour le tout appartient le Bois des Nuées « qui consiste en la quantité de trente-deux muids d'héritages « pour la garde duquel nous avons nos sergents commis qui font « à nosdits officiers les rapports des délits qui s'y peuvent com- « mettre.

« 89. Ivier est de ce mesme fief de Dohis.

« 90. Au ban duquel lieu d'Ivier nous avons en propres et parti- « culiers plusieurs domaines.

---

1. En 1720, un arrière petit-fils du comte de Bancigny, Antoine-Joseph de Hornes, fut roué à Paris pour assassinat et enterré à Bancigny.

« 98. Corneau est une Cense et un grand hameau proche led.
« village d'Ivier, qui nous appartient et auquel lieu, comme en
« notre terre de Bansigny, nous avons toutte justice, haulte,
« moyenne et basse et est du mesme fief de Dohis.

« 99. Lequel hameau consiste en la quantité de trente-trois
« muids de terres arables, dix fauchées de prez et la quantité de
« dix-sept jallois de bois pour tout quoy il nous est payé seule-
« ment par chacun an de cens perpétuel au jour de Saint-Martin
« quatorze livres quatre sols.

« 100. Un moulin à eau et un petit vivier ou estang qui doit
« soixante sols de cens.

« 101. Entre ladite cense et le terroir de Saint-Clément il y a
« un fonds de terre appelé Yvreul en tous les droits duquel tant
« de justice que terrage cens et rentes, nous avons un tiers par
« jardins, l'abbaye de Cuissy un autre tiers et celle de Saint-Michel
« autant.

« 153. Au village d'Ivier nous n'avons pour le présent aucune
« connoissance de fiefs mouvans de nous ».

L'original de ce document, fait en la maison seigneuriale de
Vervins, était ainsi signé : Anne Dieu Donnée de Faber-Vervin.

Le 3 mai 1677, Anne-Dieudonnée de Fabert se maria en secondes
noces à Claude-François de Mérode, marquis de Trélon, qui mourut le 3 octobre 1690. Elle eut, de ce mariage, quatre filles dont
l'aînée, Marie-Céleste-Philippe-Joseph de Mérode, épousa vers
1700, Jean-Adolphe-Ferdinand-Charles duc de Sleswick-Holstein,
prince du Saint-Empire.

Au décès de sa mère, arrivé dans les premiers jours du mois
de février 1722, cette dernière entra en possession du comté de
Bancigny dont elle donna un démembrement partiel le 18 juin 1725.
Divers auteurs disent que la duchesse de Holstein serait décédée
antérieurement à 1722 ; c'est certainement une erreur. Nous
avons, en effet, d'abord le dénombrement dont nous venons de
parler qui nous montre le contraire ; ensuite, un acte de la Justice
d'Iviers du 30 juillet 1725 qui nous dit que, ce jour là, Jean Gervais était receveur des droits seigneuriaux et terrage du village et
terroir d'Iviers pour moitié, « de la part de son Altesse Sérénis-
« sime Madame la princesse de Holstein dame comtesse de Ban-
« cigny et partie d'Iviers » ; en outre, un inventaire du 4 avril 1726,
reposant en l'étude d'Iviers, dans lequel nous remarquons qu'il
est dû par une personne du hameau d'Aurieux, à « Madame de

« Holstein, comtesse de Bancigny », une somme de cinquante-sept livres pour la recette des droits seigneuriaux.

La duchesse de Holstein, « marquise de Trélon, comtesse de « Bancigny et dame de Dohis et dépendances », étant décédée sans postérité, le comté de Bancigny passa à sa sœur Monique-Mélanie-Joséphine de Mérode qui, le 5 février 1714 à l'âge de 27 ans, avait épousé, à Vervins, Denis-Christophe comte des Ursins et de Beaurieux, seigneur d'Entrelurche, de Fond-Fontaine, de Saint-Jean, de Férée, chevalier du Saint-Empire, demeurant en la ville de Liège.

Devenue veuve, Madame des Ursins épousa en secondes noces messire Henri-Ange d'Apremont, veuf lui-même de Françoise-Agathe Régnier-Dumesnil dont il avait eu un fils, Louis-Joseph-Augustin d'Apremont de Vandy, auquel ladite de Mérode donna en 1767, à l'âge de 80 ans par conséquent, le comté de Bancigny, Dohis et dépendances. *[Archives de l'Aisne]*.

Louis-Joseph-Augustin d'Apremont, dont les armoiries étaient « de gueules à une croix d'argent », assistait à l'Assemblée de la noblesse, tenue à Laon, le 16 mars 1789, pour les Etats-Généraux et, au moment de la Révolution, il était encore seigneur de Bancigny, Dohis et dépendances. Les biens qu'il possédait sur Iviers ne furent probablement pas vendus : dans le recueil dressé à la mairie d'Iviers en 1813 pour le calcul des contributions foncières de la commune, ils étaient portés au nom des héritiers de Jeanne-Claudine d'Apremont.

Le Blanchesne

Une troisième seigneurie, dont l'origine et l'histoire sont moins connues que celles des précédentes, existait encore à Iviers : le fief de *Blanchesne*.

Vers 1600, ce fief parait avoir été possédé par Roland de Coucy, d'après les indications contenues en un bail que nous allons rappeler. Mentionnons aussi, à l'appui de cette présomption, l'existence du lieudit appelé « le bois Coucy » ; bien que ce lieudit ne soit pas inscrit sur le cadastre, où il est compris dans le Blanchesne, il est rapporté dans plusieurs actes notariés passés depuis trois siècles.

En 1609, le possesseur de ce fief était « noble homme » Nicolas de Sicelles, écuyer, seigneur de Novion et de Blanchesne, demeurant audit Novion[1] qui, par bail devant Froment, notaire à Dohis,

---

1. Novion-Porcien, département des Ardennes.

louait le 26 février 1611 à Antoine Chevalot, laboureur demeurant
à « Loupvet », tous les biens appartenant audit sieur bailleur sur
Iviers et Dohis, consistant en six muids ou environ, non compris
le bois qui est au lieudit le Bergeois, et « une maison bastie de
» briques avec une grange, estable, coure, jardin, lieu et tenure
» comme le tout se comporte assis au terroir diviers, lieudit le
» blanchesne et *quy fut roland de coucy*, a la reservacion dune
» chambre haulte que led. sieur bailleur cest reserve ». Ce bail
eut lieu moyennant soixante livres tournois payables « par chacun
» an audict seigneur bailleur ».

Au mois de février 1612, Nicolas de Sicelles vendit les biens
composant le fief de Blanchesne à « noble homme Philbert[1] de
» Henin Liétart escuyer seigneur de Semide prévosté de rheims
» demeurant a Sainct Vaubour », marié à Jeanne d'Artaize, fille
de Jean d'Artaize seigneur de Morgny, qu'il avait épousée vers la
fin de l'année 1611.

Plusieurs auteurs disent que Philbert de Hénin était uni à
« Suzanne » d'Artaize, également fille de Jean d'Artaize ; cela n'est
pas exact. Nous pouvons, en effet, certifier que le contrat de
mariage de Philbert de Hénin avec « Jehanne » d'Artaize a été
reçu par Me Froment, notaire à Dohis, le 21 novembre 1611, et
que Suzanne d'Artaize a épousé, en 1623, Regnault d'Argy, écuyer,
seigneur d'Armonville, dont le contrat de mariage fut reçu par le
même notaire le 18 juin de ladite année, auquel contrat assistait
Philbert de Hénin comme « beau-frère » de la future épouse. De
plus, le 15 octobre 1625 Philbert de Hénin et « Jeanne » d'Artaize,
sa femme, ont constitué au profit de Martin Mallet, marchand
demeurant à Sedan, une rente annuelle et perpétuelle de « neuf
» livres sept sols six deniers tournois », moyennant cent cinquante
livres. Il n'y a donc aucun doute à avoir à ce sujet.

Revenons à notre fief de Blanchesne. Philbert de Hénin, dès
qu'il s'en fut rendu acquéreur, demanda la résiliation du bail fait
à Chevalot par le seigneur précédent. Il obtint cette résiliation, en
partie le 26 mai 1612 et définitivement le 21 janvier 1613, puis
vint habiter sa maison de Blanchesne.

Le 21 août 1613 il fit avec Léonard de Moy, seigneur d'Iviers,
un échange de divers immeubles sis au Blanchesne, sauf un qui
se trouvait situé au lieudit « le poirier des sept au coup ».

Le Blanchesne était à cette époque un véritable hameau, ainsi

---

1. Et non « Philibert » comme l'ont écrit à tort certains historiens.

qu'il ressort de l'examen que nous avons fait d'un grand nombre d'actes notariés.

D'après ceux de ces actes que nous avons consultés, Philbert de Hénin resta possesseur de la seigneurie jusqu'à sa mort, survenue vers 1651, et eut pour successeur Jean de Hénin-Liétart, son fils, écuyer, seigneur de Semide, Blanchesne et Morgny-en-Thiérache en partie, marié à Marie de Feret.

Jean de Hénin mourut en 1668 et le Blanchesne passa à son fils aîné, Jean de Hénin, alors âgé de vingt ans, qui habitait avec sa mère « en son hotel » à Morgny.

En 1674, Jean de Hénin-Liétart, deuxième du nom, était écuyer, seigneur de Semide, Blanchesne, Morgny en partie, La Val de Cugneux[1] et autres lieux, capitaine d'une compagnie d'infanterie au régiment de Bourgogne. Il était chevalier en 1677 et épousa, quelques années plus tard, Marie de Fermon.

Jean de Hénin n'habita pas sa maison de Blanchesne. Le 16 décembre 1675 il avait du reste loué, moyennant soixante-douze livres tournois par an, à Pacquet Dru, laboureur demeurant audit lieu, « tous et un chacuns les maison estable grange jardins prez et » terres labourables situé et assis aud. Blanchesne terroir diviers » et dohis et en quoy le tout se puisse consister sans aucune chose » retenir ni reserver de la déclaration situation tenans et boutissans » led. preneur sest contenté pour les bien sçavoir ».

Contrairement à beaucoup de seigneurs, Jean de Hénin paraissait posséder une certaine fortune qu'il plaçait un peu partout. Nous avons, en effet, trouvé vingt-trois constitutions de rentes à son profit, parmi lesquelles nous citerons celles ci-après :

Le 9 novembre 1685, par Charles du Testu, seigneur en partie de Cuiry, et Catherine d'Hangest, sa femme, de soixante livres de rente ;

Le 16 février 1692, par Pierre d'Artaize, chevalier, seigneur de Vigneux, et Suzanne de Pastoureaux, son épouse, demeurant à Morgny, de vingt-huit livres ;

Le 13 août 1698, par Louis de Castre, seigneur de la Cour des prés, de cinquante livres.

Jean de Hénin et Marie de Fermon eurent, de leur mariage, au moins trois fils : Jean-Claude de Hénin, Louis de Hénin et François de Hénin. Ce fut à ce dernier que, lors du décès de Jean de

---

1. La Val de Cugneux, paroisse de Coingt. Il y existait une métairie, un moulin à eau et diverses habitations qui ont totalement disparu.

Hénin, en 1724, échut la terre de Semide et le fief de Blanchesne.

François de Hénin-Liétart, chevalier, seigneur de Semide et de Blanchesne, cadet dans le régiment de Montmorency, épousa Marie-Anne de Villelongue. Le 16 mars 1728, ils habitaient ensemble le « château » de Blanchesne qui tenait du levant au chemin conduisant de la haie d'Aubenton à Dohis, et du nord au chemin d'Iviers à Brunehamel. (*Archives d'Iviers*). Ils n'y conservèrent plus ensuite qu'un pied-à-terre.

Pendant les années 1727, 1728 et 1730, François de Hénin vendit toutes les propriétés composant le fief de Blanchesne dont voici l'importance :

1º Cinq quartels de terre, lieudit *la Tenure ;*

2º Cinq pugnets de pré, lieudit *la Fontaine Maran ;*

3º Onze jallois de terre, lieudit *la terre Caron ;*

4º Cinq jallois de terre, lieudit *la terre au Poirier ;*

5º Quatre vingt dix verges de pré, *au Blanchesne ;*

6º Et la maison de Blanchesne, avec granges et bâtiments en dépendant, le tout édifié sur treize jallois quarante-trois verges d'héritage en une seule pièce.

Ces ventes ne produisirent, au total, que neuf cent quatre vingt seize livres. La dernière, qui comprenait la maison, fut faite le 8 septembre 1730, devant Mᵉ Noiron notaire à Martigny, à Pierre Mercier, Hélène Mercier et Louise Mercier, enfants de Gérard Mercier « *traversier des bois de leurs altesses sérénissimes* » demeurant à Iviers, « sous la réserve, par le vendeur, de la mai- » son et des batimens que led. vendeur sest obligé de desmolir a » son proffit et rendre place nette en dedans le premier jour de » mars mil sept cent trente et un ».

En présence de ce document authentique et historique, nous pouvons dire, avec certitude, que le fief de Blanchesne cessa d'exister en 1731.

Cependant, nous devons ajouter que par suite d'arrangements intervenus postérieurement à la vente, entre les enfants Mercier et François de Hénin, les bâtiments ne furent pas démolis. Ils existaient encore en 1737, époque à laquelle la maison de Blanchesne était désignée sous le nom de *château Mercier.*

Le 11 avril 1737 les enfants Mercier, pour arriver au partage des immeubles leur appartenant indivisément, firent procéder à la visite et estimation « du château et bâtiment dit château Mer- » cier, situé à Iviers ». Le rapport fait par les experts dit ceci :
« .... après quoi nous nous sommes transportés audit château

» où étant nous avons remarqué le corps du logis contenant deux
» espaces, bâti de briques, couvert d'ardoises, que nous avons
» trouvé tout à fait défectueux tant en maçonnage que couverture,
» et en partie à un petit fournil contenant un espace et une écurie
» attenant, et une tour aussi bâtie de briques, couverte d'ardoises,
» et ensuite en un autre petit bâtiment, en forme de pavillon,
» bâti de bois et briques, couvert d'ardoises ; après quoi nous
» avons fait la visite de la grange contenant deux espaces et un
» autre au milieu, bâtie de bois, couverte d'ardoises, et deux
» autres bâtiments, l'un en forme de bergerie, et l'autre en
» forme de bergerie bâtie à la mansarde, tous lesquels bâti-
» ments nous avons trouvés tout à fait défectueux et menaçant
» ruine, avec les fossés qui sont autour dudit bâtiment, qui sont
» tout à fait remplis..... lesquels bâtiments nous avons estimés
» la somme de sept cents livres ». (*Archives d'Iviers*).

Les bâtiments et la maison de Blanchesne ou château Mercier
n'existent plus depuis longtemps, et le Blanchesne n'est aujourd'hui
qu'un simple lieudit du territoire d'Iviers.

La Berthette

Nous croyons devoir signaler ici l'existence, de 1607 — proba-
blement aussi antérieurement — à 1618, époque de son décès, de
Jean de Collans, écuyer, seigneur de la Berthette, demeurant à
Iviers, époux de Marguerite de Fallart.

Jean de Collans était propriétaire de divers immeubles situés
sur Iviers et Dohis, dans les environs de Blanchesne, notamment
d'une pièce de terre de douze jallois. Ces immeubles furent en
partie vendus le 1er avril et le 6 mai 1618, par Marguerite de
Fallart, demeurant à Iviers, à qui ils appartenaient « par le décès
» dudit sieur son mari » ; composaient-ils le fief de la Berthette ?
C'est une question que nous n'avons pu résoudre à défaut d'indication suffisante. Nous ferons remarquer, toutefois, que postérieurement à l'année 1618, nous n'avons trouvé aucune relation de ce
fief ni de lieudit portant ce nom.

CHATEAU SEIGNEURIAL

Nous avons vu qu'en 1620, et aussi antérieurement, la Cense de
Carnière servait de pied-à-terre aux seigneurs lorsqu'ils allaient
visiter leur terre d'Iviers ; il n'existait donc pas, à l'époque, de
château seigneurial proprement dit.

Lors de son mariage avec Henry de la Fontaine, en 1637, Marie Le Picart n'entra en possession que d'une partie de la seigneurie d'Iviers, dans laquelle partie n'était pas comprise la maison de Carnière que Pierre Le Picart avait conservée et qui fut ensuite, de 1640 à 1670, possédée par François Le Picart son fils. Cependant, le 20 juin 1647 Henry de la Fontaine était de présence à Iviers et louait trois vaches à Jeanne Petitfils, femme de Guillaume Hasart, moyennant quinze livres par an, suivant acte reçu par Me Froment notaire à Dohis, lequel acte est indiqué « faict et passé a Iviers » *au chasteau* dud. seigneur bailleur », en présence de Nicolas Le Seine, demeurant à Bitry, ami dudit seigneur. Puisque la Cense de Carnière avait toujours servi de maison seigneuriale et qu'elle n'appartenait ni à Henry de La Fontaine ni à sa femme, il s'agit indubitablement, en l'indication faite au bail ci-dessus, du château actuel que Henry de La Fontaine aurait fait édifier peu de temps après son mariage et, dans tous les cas, avant le 20 juin 1647. Citons notamment, à l'appui de cette présomption, la vente, en date du 4 avril 1650, d'une maison à Iviers, dans le village, tenant « dune liziere a M. de Bitry, dautre a Jean Dumesnil, dun bout » au Sr de Bitry, dautre en rue ».

Nous savons que sur la carte du gouvernement de la Capelle, dressée par Petit Bourbon et terminée en 1652, Iviers est indiqué comme village sans château ; cela ne semble pas extraordinaire si l'on pense, d'abord, que cette carte a pu être commencée avant l'édification du château d'Iviers et, ensuite, que ce château n'a jamais été que d'une importance tout à fait secondaire ainsi qu'on le verra plus loin.

Les documents que nous avons consultés nous ont laissé la conviction que le château était construit antérieurement à 1652 et, si quelques personnes ont pu dire qu'il date d'une époque postérieure à 1720, nous pouvons affirmer qu'il existait en 1675 et possédait, dans le bâtiment se trouvant du côté d'occident, contre la ruelle, une prison de laquelle Nicolas Tomboy s'est évadé dans la nuit du 14 au 15 octobre. (*Archives d'Iviers*).

Nous avons aussi trouvé mention de l'existence de ce château dans un acte de l'année 1681, reposant en l'étude d'Iviers, et l'inventaire, dressé le 19 mars 1712, après le décès de Jean-François, meunier des moulins d'Iviers, relate qu'il est dû : 1° au sergent-crieur, pour une journée qu'il a employée à mesurer les grains de la succession et les faire voiturer « du moulin au chateau d'Iviers » et pour vacations, neuf livres ; 2° à Pierre Charlier pour avoir

aidé à mesurer lesdits grains et à les porter « au grenier dudit
» chateau », huit sols ; 3° à Nicolas Mennesson, pour avoir voituré
deux voitures desdits grains « dudit moulin au chateau », vingt
sols. Un autre acte du 9 décembre 1723 nous fait voir qu'un
immeuble y désigné .tient du couchant « au jardin du seigneur,
» haie mitoyenne », du midi au ruisseau d'Iviers.

En 1724 le château était habité par Louis Le Picart.

Il fut acquis le 20 juillet 1742, avec la terre et seigneurie d'Iviers,
par Pierre Le Proux qui le fit démolir en partie et agrandir en
1744, ainsi que l'indique le millésime en briques vernissées que
l'on aperçoit sur l'un des murs du bâtiment principal.

Les Maires-Juges y rendaient leurs sentences et l'Assemblée
municipale y tint ses séances depuis le 9 mars 1788 jusqu'au 2
septembre 1792.

Au moment de la Révolution le château était possédé par Louis-
Gabriel d'Aguisy, dernier seigneur d'Iviers. D'Aguisy n'ayant pas
émigré, ou son émigration n'ayant pas été constatée, ses biens ne
furent pas confisqués et le 28 messidor an onze, lui et Marie-Thé-
rese d'Hennezel son épouse, demeurant alors ensemble à Any,
vendaient le château à Marie-Joséphine d'Aguisy, sœur de l'ancien
seigneur d'Iviers, épouse de Pierre-Louis de Failly, demeurant à
Chimay, département de Jemmappes. En 1804, ces derniers et
Antoine-Aimé-Louis de Failly, leur fils, habitaient ce château qui
fut vendu à Jean Cheyer le 17 frimaire an XIV, et appartient actuellement à M. Godet de Brunehamel.

Le château d'Iviers, dans les dépendances duquel la garde nationale avait établi un corps de garde lors des journées de février
1848, n'est pas habité depuis 1885 et ne représente pas, à proprement parler, l'ensemble de constructions que la dénomination
habituelle de château fait naître dans la pensée. C'est un corps de
bâtiment en briques, couvert d'ardoises. mesurant dix-huit metres
de longueur, neuf metres de largeur et quinze mètres de hauteur.
Il se compose d'un rez-de-chaussée divisé en deux grandes places,
dont une ornée de peintures à l'huile qui font corps avec la
boiserie, une cuisine, une relaverie et une petite remise ; d'un
étage comprenant quatre grandes pieces surmontées d'un vaste
grenier dans lequel, chose assez rare, se trouvent les cabinets d'ai-
sances. On accede au premier étage et au grenier par un bel esca-
lier ouvragé et tres facile. Il n'existe ni tours ni tourelles, comme
en possedent ordinairement les châteaux féodaux, et aucun fossé
n'a été creusé pour en défendre l'accès. Au midi, devant la façade

principale et de chaque côté du parterre se trouvant en face de la
porte d'entrée, on remarquait, naguère encore, un lion en terre
cuite, dans l'attitude du repos, et un grand vase, également en terre
cuite, garni de fleurs artificielles. Une *Diane chasseresse*, sur un
piédestal en pierres de taille, existait autrefois dans le jardin ; cette
statue a été enlevée en 1860.

Les dépendances comprennent une grange, un colombier assez
vaste, des étables et autres petits bâtiments qui tombent de vétusté.
Un puits à eau potable existe dans la cour.

En l'an XIV le château était édifié sur un hectare quatre-vingts
ares de terrain « ou quatre arpents environ d'ancienne mesure
» locale » ; la contenance de ce terrain est aujourd'hui de deux
hectares cinquante-deux ares dix neuf centiares plantés en grande
partie d'arbres fruitiers et entourés presque totalement de haies
vives La propriété est traversée par la Blonde ou rivière d'Iviers ;
des réservoirs ou étangs y existaient, mais ils sont en partie com-
blés ; l'ensemble tient du nord à la rue de la Blonde et à plusieurs
propriétaires, du midi à la rue Mandet, du levant en pointe à la
rivière, et du couchant à la ruelle dite du château.

CENS ET DROITS SEIGNEURIAUX

Le *Cens* était une redevance ou prestation annuelle, en argent
ou en grains, établie par le droit féodal en faveur du seigneur
possesseur d'un fief ; il était dû sur les biens composant le fief en
quelques mains qu'ils vinssent à tomber, en reconnaissance et
comme hommage de la propriété directe du seigneur ; ce n'était,
en réalité, qu'une servitude perpétuelle et imprescriptible imposée
sur la terre. En outre du Cens les seigneurs s'arrogeaient divers
droits ; le tout était connu sous la dénomination de *droits seigneuriaux*.

Le dénombrement fait du comté de Bancigny en 1668, que nous
avons rapporté en partie, nous indique quels étaient ces droits et
cens en ce qui concernait la portion d'Iviers dépendant dudit
comté. En voici du reste un extrait qui permettra au lecteur de
se rendre un compte exact des charges écrasantes qui pesaient sur
le peuple :

« 11. En toute lestendue du ban et terroir de Bansigny nous
» avons aussi tous les droits qui en dépendent comme greffe,
» amendes, confiscation, espaves, biens vaccans, successions des
» bâtards.

» 20. . . . . l'achepteur d'héritage roturier assis au terroir dud.
» Bansigny est tenu de nous payer comme au seigneur direct et
» foncier d'iceluy le douzième denier du prix de la vendition
» dans quarante jours sur l'amende accoustumée en icelle.

» 21. De tout vin qui est amené audit comté de Bansigny pour
» y être vendu en détail il nous est deub pour notre droit de
» *rouage*, s'il est sur char quatre pots de vin mesure de Rozoy, et
» s'il est sur charrette moittié ny eut il qu'une pièce dessus,
» sur peine de soixante sols parisis.

» 22. Il n'est loisible a aucun mettre et exposer en vente a broche
» et destail audit Bansigny, vin ou autre breuvage qu'il n'ait
» appelé notre justice ou commis pour mettre taux raisonnable
» au prix de la vente d'iceluy et payé, pour notre droit d'*afforage*,
» un demy pot de vin, un pain et un quartier de fromage.

» 23. De chacun poinçon de vin qui s'y vend comme dessus il
» nous est deub et doit être payé par le vendeur pour notre droit
» de *forage*, un pot sur pareille amende que dit est.

« 24. De touttes denrées et marchandises excédant le prix de
» six deniers parasis, qui se vend ou achepte par forains aud.
» Bansigny, il nous est deub pour notre droit de *toluison* cinq
» deniers par l'achepteur et autant par le vendeur. (Ce droit s'ap-
» pelait aussi *tonlieu* ou *tonnieu*).

» 25. De touttes marchandises en outre qui passent par les
» détroits de notre terroir dudit lieu il nous est deub, pour notre
» droit de *vuinage*, si elle est sur char douze deniers parasis, sur
» charrette la moitié.

» 90. Au ban duquel lieu d'Ivier nous avons les droits de *rouage*,
» *forage*, *afforage*, *tonnieu* et *vuinage* qu'on y lève tels et sem-
» blables qu'en notre terre de Bansigny.

» 91. Il y en a aussi des communs a nous et au sieur de Sévigny
» chacun pour moittié sçavoir la justice haulte, moyenne et basse.

» 92. La *bourgeoisie* pour laquelle chacun bourgeois dudit Ivier
» doit par chacun an au jour de Noël, trois deniers.

» 93. L'*estalage* a cause duquel chacun d'iceux doit par chacun
» un au jour de Saint-Martin d'hyver, deux deniers parasis.

» 94. Les *terrages* de tous grains y recueillis et moissonnez a la
» raison de seize gerbes l'une prise aux champs.

» 95. Les *cens* des prez a la raison d'un denier parasis pour
» chacun jalloi payable au jour de Saint-Remy.

» 96. Les autres *cens* des courtis et jardins et terres qui montent
» ordinairement par an a dix-huit livres.

» 97. Les *lots et ventes* y deubs a la raison de deux carolus pour
» livre »[1].

Outre tous ces droits, les seigneurs possédaient encore ceux de
pâturage, de *parnage* (droits de paisson sur les bestiaux) ; de
plume (sur les poules et la volaille en général) ; d'*esgard* (sur les
bestiaux qui se vendaient le jour des foires) ; de *hallage* (sur les
places occupées dans la halle) ; de *chambellage* (reconnaissance de
vassalité), et aussi le droit de *retrait seigneurial* qui consistait en
ceci : Lorsqu'une personne achetait un immeuble dépendant de la
seigneurie, le seigneur pouvait refuser à l'acquéreur la « vesture »
ou investiture et conserver pour lui-même l'immeuble en question,
en remboursant au premier acheteur le prix et les frais d'acquisition.

Dans chaque seigneurie il y avait un moulin, un four, un
pressoir et un tordoir banaux ; les serfs étaient obligés d'en faire
usage et de payer de ce chef un droit variable. Le seigneur avait
le droit exclusif de pêche et de chasse sur les dépendances de la
commune et disposait, à son gré, des habitants qui étaient tenus de
lui couper et rentrer ses récoltes, et d'*arranger et entretenir* les
chemins. Les colombiers appartenaient au seigneur et au curé
seuls ; de plus, ce dernier percevait les *grosses dimes* (sur les fruits
qui formaient le revenu le plus considérable de la paroisse comme
le froment, le seigle, l'avoine, etc.), les *menues dimes* (sur le
menu bétail, les peaux d'animaux, etc.), les *vertes dimes* (qui
faisaient partie des menues dimes et s'appelaient *vertes* quand on
les prélevait spécialement sur les pois, les fèves, les lentilles, le
lin, le chanvre, etc.), la *dime de laine* (sur la tonte des moutons).

Il existait encore à Iviers : deux collecteurs de la *taille* (impo-
sition de deniers levée sur toutes les personnes qui n'étaient
ni nobles, ni ecclésiastiques ou qui ne jouissaient pas de quelque
exemption), deux collecteurs du *sel* relevant du grenier d'Aubenton,
un receveur du *huitième* et du *vingtième* (impôt analogue à la
contribution des patentes) et un de la *capitation* (taxe par tête).

Il va sans dire que les seigneurs et curés, au lieu de gérer
personnellement des intérêts aussi compliqués, louaient très souvent tout ou partie de leurs droits à certaines personnes, moyennant une redevance annuelle fixe. Nous avons notamment trouvé
un acte du 15 mars 1631 par lequel Pierre Dufour, curé d'Iviers,

---

1. Dans la partie centrale d'Iviers ces droits étaient de « deux sols six deniers
l'arpent ».

affermait pour un an à Pierre Baudin, marchand à Iviers, moyennant cent soixante dix livres, les deux tiers des dimes tant grosses
que menues lui appartenant « au terroir dud. iviers fonds divreux
» et dépendances » ; il existe aussi aux archives de l'Aisne, une adjudication faite en 1681 du droit de pâturage du Bois des Nuées et
du terrage d'Iviers.

Les fermiers poursuivaient à leurs risques et périls la perception
de tous ces droits qu'ils ne touchaient pas toujours sans difficultés ;
nous en voyons une preuve dans le fait suivant qui nous montre
également que le droit d'afforage, exigé dans la partie d'Iviers
dépendant du comté de Bancigny, n'était pas perçu dans la partie
centrale du village : Le 20 août 1682, Jean Gérard, meunier à
Jeantes, « ayant les droits de rouage et afforage appartenant à M. le
» comte de Bancigny en la seigneurie d'Iviers », réclame ces droits
à plusieurs individus d'Iviers qui reconnaissent devoir un droit de
rouage pour divers chargements de vin, mais déclarent « qu'au
» regard des afforages les seigneurs du lieu n'en ont jamais parlé
» et n'ont point coutume d'en percevoir ». (*Archives d'Iviers*).

Nous avons relevé divers noms et faits se rattachant aux droits
seigneuriaux et dimes d'Iviers ; nous croyons intéressant de les
citer :

Receveur du droit de huitième et de vingtième : 1611, Simon
Bury.

Collecteurs de la taille : 1665, Denis Marville. 1710, Denis Thiébault et Pierre Leclerc.

Collecteurs du sel : 1665, Gilles Caron. 1680, Jean Charlier.
1707, Jacques Gervais, Jean Chapellart. 1708, Pierre Lejeune, Jean
Gervais. 1710, Gilles Hotte, Laurent Marville, Denis Chappellart.
1732, Pierre Huet.

Dans un inventaire de 1708 nous voyons qu'il est dû à Jean
Gervais, pour « cinq pots de sel », la somme de huit livres

Le 13 juin 1786, le prieur d'Iviers nommait deux *pitoyeurs*, qui
prêtaient serment le même jour, à l'effet de « lever et percevoir
» toutes les grosses, menues et vertes dimes lui appartenant dans
» toute l'étendue de la paroisse et *dixmerie* d'Iviers ».

Sur l'original d'un acte sous seing privé en date du 26 octobre
1790, le seigneur d'Iviers a apposé et signé la mention suivante
que nous transcrivons textuellement : « reçue ma part des lots et
» ventes ; D'aguisy ».

LA JUSTICE ET LES MAIRES-JUGES

Avant la Révolution, la Justice était divisée en basse, moyenne et haute. La *Basse-Justice* correspondait à peu près à ce que nous appelons aujourd'hui une contravention et le juge bas-justicier faisait l'office de juge de paix ; la *Moyenne-Justice* à ce que nous qualifions délit, le juge moyen-justicier ayant les attributions de nos tribunaux de première instance ; et la *Haute-Justice* à ce que nous nommons crime.

Les seigneurs d'Iviers avaient le droit de basse et moyenne-justice ; ils prétendaient posséder également le droit de haute-justice mais ne l'exercèrent jamais ; les affaires criminelles étaient instruites à Iviers et les prévenus renvoyés, le cas échéant, devant le Présidial de Laon.

L'exercice de la Justice se faisait par un maire que les habitants nommaient tous les ans le jour de la Trinité à l'issue de la messe, « dans la rue au devant de la principale porte d'entrée du cime-» tière de la paroisse » ; ils nommaient en même temps un suppléant, qui portait le nom de « lieutenant de maire » et était très souvent nommé maire l'année suivante, et deux échevins ou, comme cela est arrivé dans les dernieres années qui ont précédé 1789, un échevin et un syndic. En ce qui concernait la partie d'Iviers qui dépendait du comté de Baucigny, la Justice était exercée par un « bailli », ainsi que cela se pratiquait généralement ailleurs.

L'un des derniers seigneurs d'Iviers, Pierre-Joseph Machelart, dit M. Bercet, prétendit, comme seigneur haut-justicier, faire exercer la justice par un bailli à sa dévotion. Le 16 décembre 1779, il nomma effectivement Nicolas-Marie-Joseph Philippot, avocat en Parlement, demeurant à Aubenton, bailli de la terre et seigneurie d'Iviers ; Philippot fut même reçu en cet office le 7 mars 1780, par le Lieutenant-Général du bailliage du Vermandois. Mais les maire, syndic et habitants, ayant présenté une requête au Parlement de Paris contre les provisions de bailli accordées à Philippot, furent maintenus « dans le droit et possession dans lesquels ils sont de » temps immémorial de faire exercer la justice à Iviers par le » maire dudit lieu. »

Machelart voulut alors restreindre le droit de nommer le maire-juge aux seuls habitants qui paieraient au moins six livres de taille mais une sentence, rendue par le bailliage du Vermandois le 26 mai 1784, maintint ce droit à *tous* les habitants. Cette sentence obligea cependant, à partir de cette date, le maire-juge à prêter serment au siège présidial de Laon, au lieu de le prêter entre les mains du maire-juge qu'il remplaçait, comme cela se passait précédemment.

On comprendra l'importance de ces décisions relativement aux droits du seigneur, quand nous aurons dit que ce dernier nommait déjà lui-même le procureur fiscal, qui exerçait les fonctions de ministère public, les sergents et le greffier chez lequel, avant la construction du château, se tenaient les audiences, car il n'y avait pas à Iviers de salle spéciale à cet effet. Toutes ces fonctions étaient vénales et les titulaires cherchaient à en tirer le plus grand profit possible ; c'est pour cette raison que le 23 avril 1615, Jean Aulbert, greffier en la justice d'Iviers, cédait et transportait à Jean Guerbet « les droits de greffe dud. Iviers pour en jouir des a
» present et a toujours en tous honneurs prousfits et esmolumens
» dud. estat a partir dhuy et comme pouroit faire led. Aulbert sil
» navoit faict la presente ceddation et transport et cest moiennant
» que led. Guerbet a promis et sera tenu de bailler et paier aud.
» Aulbert par chascun an et par quatre termes egaux la vie durant
» dud. Aulbert la somme de cinq livres tournois ».

Voici une liste des maires-juges, procureurs fiscaux, sergents et greffiers d'Iviers dont il a été possible de découvrir la trace :

Maires-Juges : 1669, Antoine Lacroix. 1671, François Lombart. 1672, Antoine Hotte. 1674, Antoine Hotte. 1675, Louis Marville. 1676, le même. 1678, Jean-Baptiste Hourdeaux. 1680, Jean Marville. 1683. Noël Caron. 1684, Pierre Fossier. 1685, François Lejeune. 1686, Pierre Chappellart. 1687, le même. 1690, François Huet. 1693, Pierre Jubart. 1694, le même. 1695, Jean Hotte. 1700, Jérôme Brice. 1702, Laurent Hazart. 1703, Jacques Lamy. 1704, Jean Caron. 1705, Gilles Hotte. 1706, le même. 1708, Jean Diancourt. 1709, le même. 1710, Jean de Chappe. 1711, Denis Marville. 1712, Nicolas Lamy. 1713, Etienne Thiébault. 1715, Jean-François de La Grange. 1721, Laurent de Chappe. 1722, Nicolas Deville. 1723, Nicolas Bertrand. 1724, Claude Thiébault. 1725, Pierre Thiébault. 1726, Nicolas Waflart. 1727, Edmond Hénault. 1728, le même. 1729, Denis Thiébault. 1730, Pierre Richard. 1731, Jean-François Crampont. 1732, François Blanche et Pierre Richard. 1733, Jean Hotte. 1734, Jean Charlier. 1735, Ambroise Maronnet. 1736, le même. 1737, Renault Charlier. 1738, Nicolas Chappellart. 1739, Jean Guerbet. 1740, le même. 1741, Jacques Bouchart. 1742, Pierre Canut. 1743, Pierre Pruvost. 1744, Fran-

çois Dubois. 1745, Etienne Dubois. 1746, Nicolas Valtier. 1747,
Denis Guerbet. 1748, Nicolas Dubois. 1749, François Blanche.
1752, Jean-François Crampont. 1753, Jean-Baptiste Thiébault.
1754, le même. 1755, Nicolas Lamy. 1756, Claude Féré. 1757,
le même. 1758, Claude Marville. 1759, Pierre Brice. 1760, Denis
Guerbet. 1761, Denis Mennesson. 1762, Denis Blanche. 1764,
Denis Blanche. 1765, Pierre-Louis Richart. 1766, Nicolas Hazart.
1767, Denis Guerbet 1768, Pierre-Louis Gervais. 1769, le même.
1770, le même. 1771, le même. 1772, Pierre Bertrand. 1773,
Pierre-Louis Charlier. 1774, le même. 1775, Antoine Féré. 1776,
le même. 1777, Jean-Baptiste Thiébault. 1778, Antoine Wafflart.
1779, Jean-François Charlier. 1780, Nicolas Valtier. 1782, le
même. 1783, Jacques Bouchart. 1784, le même. 1785, Jean-Baptiste Thiébault. 1786, le même. 1787, Jean-Baptiste Valtier. 1788,
le même. 1789, Jacques Bouchart. 179.), Jean-Baptiste Valtier.

Procureurs fiscaux : antérieurement à 1671, Nicolas Lemoisne.
1671 à 1710, François Lemoisne, avocat en Parlement, bailli de
Brunehamel. 1710 à 1746, Charles-François Dormay, avocat en
Parlement, demeurant à Aubenton. 1746 à 1780, Antoine Dumesnil,
notaire à Dohis. 1780 à 1790, Jean-Aldebert-René Leradde, avocat
en Parlement, bailli du comté de Baucigny, notaire à Aubenton.

Sergents : 1634, Etienne Caron. 1635, Jean Duparque. 1643,
Antoine Guerbet. 1649, Mathieu Chappellart. 1669, Etienne Dubois.
1711, Jean Chappellart. 1720, Jacques Chappellart. 1724, Jean-
Baptiste Chappellart. 1733, Antoine Dervin. 1735, François Chap-
pellart. 1743, Pierre Gervais. 1764, Jean-François Crampont. 1779,
Jean-Baptiste Paquet.

Greffiers : 1615, Jean Aulbert. 1615, Jean Guerbet. 1674 à 1739,
Gérard Mercier, sergent-traversier de la Haie d'Aubenton. 1739 à
1756, Jean-François de La Grange. 1756 à 1761, Denis Marville.
1761 à 1784, Pierre Thiébault. 1784 à 1790, date de la suppression
des justices seigneuriales, Philippe Guiot.

Les archives de la Justice d'Iviers relatent deux affaires qui n'ont
pas été jugées à Iviers mais qui sont, croyons-nous, assez intéressantes pour être rappelées ici :

En 1710, Nicolas Baillet d'Iviers, fut condamné aux galères
comme faux-monnayeur.

Le 26 janvier 1791, Jean Bodesson, demeurant à Corneaux, fut
assassiné en sa demeure par un « marchand de tabac » de Clair-
fontaine. Emprisonné à Iviers, ce dernier fut ensuite conduit à
Laon par les « soldats de maréchaussée ».

Parmi les divers jugements, sentences et déclarations que renferment les archives, nous allons indiquer ceux qui présentent un certain degré de curiosité.

Mentionnons d'abord une assignation, délivrée le 9 janvier 1676 à la requête du procureur d'office en la Justice d'Iviers, demeurant à Brunehamel, à Jean Tonnelier, maréchal demeurant à Iviers, et Jean Tomboy, couvreur en paille demeurant à Archon, à l'effet de comparaître pardevant le maire-juge pour « être interrogés et » répondre sur ce que samedi dernier quatrième janvier 1676, » étant *ensemblement* en la maison de Claude Tonnellier, taillan- » dier demeurant à Iviers, il leur arriva, outre les autres insolences » qu'ils commirent, d'user de plusieurs jurements et blasphèmes » du saint nom de dieu et s'oublier de leur devoir jusqu'à le renier, » menaçant de mort plusieurs personnes ; pourquoi conclure à ce » qu'ils soient condamnés à faire amende honorable et, à cet effet, » se rendre un jour de fête ou dimanche au devant de la princi- » pale porte d'entrée de l'église paroissiale dudit Iviers, à l'issue » de la grand'messe célébrée, le peuple en sortant, à icelle se ren- » dre *en étant le genou en terre, le flambeau allumé en main,* » *et demander pardon à dieu et à Justice pour l'expiation de* » *leur crime ;* et en l'amende envers les œuvres et fabrique de » ladite église chacun d'eux solidairement l'un pour l'autre et par » corps à la somme de vingt-cinq livres payables au marguillier, » et de pareille somme envers le fisc avec défense de récidiver » sous peine d'être punis corporellement ». Comme suite à cette assignation, la condamnation requise est prononcée le 28 janvier 1676 et la sentence exécutée le dimanche 12 février suivant.

Le 14 janvier 1681, Claude Coquigny d'Iviers est condamné à trois livres quinze sols d'amende pour avoir « juré le saint nom de « dieu » au terme de « par dieu ».

Le 1er avril suivant, Antoine Estienne, berger à Corneaux, est condamné à cinquante sols d'amende pour avoir, le 17 mars, laissé échapper son troupeau sur une terre appartenant à la seigneurie d'Iviers.

Le 27 juillet 1683, Nicolas Guilloie, laboureur à Coingt, s'entend condamner à cinq livres d'amende pour avoir labouré une terre en la paroisse d'Iviers le 22 juillet précédent « jour et fête de » Sainte Marie-Madeleine patronne de ladite paroisse ».

Pour avoir scié du blé le même jour, au lieudit le fonds d'Yvreux « qui est dépendant de la seigneurie d'Iviers », Jean Caron de Corneaux, est condamné à trois livres d'amende le 17 août 1683.

A cette même audience Nicolas Guerbet, taillandier à Iviers, est condamné à quarante *soubz* pour avoir travaillé le dimanche, et Abraham Fournaise, de Corneaux, à cinq livres pour avoir, un dimanche, transporté les claies de son parc d'une terre à une autre.

Le 21 mai 1728, Nicolle Hotte et Marie Hotte sont condamnées solidairement à une amende de douze livres pour avoir fait paître des bestiaux, dans la prairie d'Iviers, le 21 avril 1728, jour de Pâques.

L'usage est si bien enraciné que le 16 décembre 1790, le maire et les officiers municipaux se réunissent pour « délibérer et con- » damner les réfractaires de la police » et condamnent effective- ment sept personnes à l'amende pour avoir, le jour du dimanche, fait des liens et fauché pendant l'office, lié pendant les vêpres, retourné des *bureaux* de regain, déchargé une voiture d'ardoises.

Ce qu'il y a de plus extraordinaire c'est que, le 14 juin 1791, cinq personnes sont encore condamnées à chacune huit sols d'amende pour avoir travaillé pendant l'office.

Par ce qui précède, il est facile de constater qu'à Iviers on appliquait d'une manière excessivement rigoureuse les lois qui, intervenant dans les affaires religieuses ou de conscience, défen- daient le blasphème et prescrivaient pour le dimanche un repos absolu.

Le 27 pluviôse an III (15 février 1795), une bouchère d'Iviers est condamnée à trois livres quinze sols d'amende plus les frais, y compris ceux d'affichage dans la commune de six exemplaires de la sentence, pour avoir vendu un foie de veau gâté et, dit le jugement, « hors d'état d'entrer dans les corps humains que pour » nuire totalement à la santé ». Défense lui est faite de retomber à l'avenir « dans la même faute » sous peine de cent livres d'amende et d'un emprisonnement de six mois.

Enfin, le 30 prairial an III (19 mai 1795), une demande amiable de divorce est faite par Nicolas J.. .., tailleur d'habits, à Iviers, lequel expose « qu'il y a sept ans qu'il est marié avec la citoyenne » Marie-Françoise S......, de la commune de Bucilly, et qu'il a » exercé et joui du mariage pendant trois ans puis, qu'au bout de » ce temps, ne s'étant point trop accordés ensemble, ils ont fait » un acte de séparation ». Le divorce par consentement mutuel étant admis alors, la dissolution du mariage fut prononcée par la municipalité le 10 messidor suivant.

GUERRES, INVASIONS & FAMINES A IVIERS
JUSQU'EN 1871

Par sa situation peu favorisée, Iviers devait avoir sa part des maux qui ont affligé la Thiérache, et le joug féodal n'en a dû être que le moindre. On comprend qne les rares chroniqueurs du passé n'aient pas porté leur attention sur cette localité pauvre, sans industrie, au territoire restreint et d'une fertilité douteuse ; cependant une revue générale des principaux évènements dont fut le théâtre le nord du diocèse de Laon, nous montrera qu'Iviers a subi le sort commun de la Thiérache.

Dans la nuit du 31 décembre 406 au 1ᵉʳ janvier 407, dit M. Martin dans son Essai sur Rozoy, les hordes des Alains, des Vandales et des Suèves, après avoir triomphé des Francs, alliés de l'Empire, traversèrent le Rhin couvert de glace et se répandirent dans toute la Gaule-Belgique. Les ravages de ces barbares durèrent trois ans pendant lesquels ils dévastèrent toutes les villes et les campagnes, Iviers et son territoire par conséquent, à la seule exception de Laon.

En allant au concile de Reims en 867, Charles-le-Chauve passa les fêtes de Pâques à Chaourse où il avait un palais, et Rozoy était encore un domaine royal ; il est fort probable que jusqu'à cette époque le territoire d'Iviers, contigu aux forêts de la Thiérache, fut souvent traversé par les rois, qui n'habitaient guère les villes et étaient grands amateurs de la chasse et de la vie nomade ; mais c'est surtout lors de l'invasion des Normands en 882, et pendant les guerres qui suivirent jusqu'au XVIIᵉ siècle, qu'Iviers eut le plus à souffrir.

Les Normands ravagèrent toute la Thiérache, brulèrent les villages et contraignirent les populations à se réfugier dans les bois. Pour arrêter ces hordes barbares, on fortifia les villes et les villages ; des châteaux forts furent construits par les seigneurs qui s'en servirent bien plutôt pour se livrer au brigandage que pour se défendre ; aussi le remède ne valut-il pas mieux que le mal.

En 954, le pays subissait les ravages des Hongrois, peuple cruel que Conrad, duc de Lorraine, avait appelé à son secours contre l'empereur d'occident qui l'avait dépossédé de son duché.

De 1029 à 1032, une horrible famine désola la France et spécialement la Thiérache et le Laonnois ; elle fut si cruelle, rapporte M. Michaux dans son histoire d'Origny, que l'on vit des gens affamés déterrer les cadavres et égorger les enfants pour s'en repaître. En 1087 et les quelques années qui suivirent, la peste exerça ses ravages dans la Thiérache ; le clergé, pour en obtenir la cessation, promenait les chasses des saints à travers les villages et profitait de l'occasion pour recueillir d'abondantes aumônes.

Toutes ces calamités affligèrent Iviers comme le reste de la contrée. Cependant, vers le milieu du XIIᵉ siècle, les bois furent en partie défrichés pour faire place, grâce aux libéralités des seigneurs, aux monastères qui s'élevèrent dans beaucoup d'endroits ; ce fut une période relativement calme, mais de peu de durée.

En 1339, à la tête de ses guerriers, Edouard III, roi d'Angleterre, envahit tout le pays. L'année suivante, les habitants du Hainaut vinrent mettre le siège devant Aubenton qu'ils emportèrent d'assaut et détruisirent en partie.

Puis vinrent : la nouvelle invasion des Anglais sous Charles V ; les luttes sanglantes des Armagnacs et des Bourguignons sous Charles VI ; les guerres enfantées par l'antagonisme de François Iᵉʳ et Charles-Quint au cours desquelles, en 1521, Aubenton soutint un nouveau siège ; les guerres de religion, qui tour à tour désolèrent la contrée et la réduisirent à la plus affreuse misère.

Un acte reçu en 1527 par Antoine Morelet, notaire à Laon et déposé aux archives départementales, donne du reste une idée de ce que pouvait être Iviers à cette époque; c'est une déclaration faite par Antoine Dupuys, écuyer, receveur des tailles et aides de l'Election de Laon, Jean Brissot, sergent royal, Adam Mydelet, Jean Delarivière, sergents des aides, qui ont attesté « en leurs
» loyaultez et consciences que au moyen des guerres et divisions
» qui depuis six ou sept ans ença ont eu cours, tant du pays de
» Picardie que de Vermandois et Thérasche, la plus part des
» doyennez de l'Election de Laon comme Aubenton, Vervin,
» Montcornet, Rosoy, Guise, Ribemont, et *les villaiges d'iceux*
» *doyennez*, ont esté espopulés et pillés par les ennemys du
» royaume de France qui journellement faisoient courses et
» pilleries audit pays et élection de Laon.... »

Les habitations furent abandonnées, les terrains laissés en friche et cet état de choses se prolongea pendant un temps assez long car M. Bercet, dans ses Notices, rapporte ainsi le témoignage de personnes très honorables du doyenné de Vervins, auquel appartenait Iviers, entendues par le lieutenant-général du bailliage du Vermandois lors de l'enquête qui eut lieu à Laon en 1596 :

« Seroyent comparuz..... lesquelz ont dict et affirmé quilz

» congnoissent tous les villaiges du doyenné de Vervin et sçavent
» que du dict doyenné deppendent 32 villaiges et la ville de Ver-
» vin, ausquels villaiges du dict doyenné, depuis les guerres quy
» ont du avoir en ce royaulme huilt ans, ont esté pour la plus
» grande partie ruynez par les gens de guerre, tant du pays de
» France que des Pays-Bas, tellement que la plus part des habi-
» tans du dict doyenné ont habandonnez lesdicts villaiges..... »

La paix de Vervins, signée le 2 mai 1598, adoucit un peu les
malheurs d'Iviers mais, de 1635 à 1655, pendant la guerre espa-
gnole et la Fronde, toute la Thiérache fut en proie aux maux les
plus terribles. Ruinée par la guerre, décimée par la famine, elle
vit la peste aggraver ces fléaux et ce qui fut plus épouvantable,
dit un chroniqueur « c'est que les loups après s'être saoulés de
» corps morts, ne trouvant plus de quoy vivre, devinrent enragez
» et dépeuplèrent une partie des villages qui n'estoient pas entiè-
» rement déserts, ce qui désola toute la province ».

En 1636, Aubenton et ses environs furent pillés par les troupes
de Jean de Werth et d'Erlach, alliés des Espagnols ; le souvenir
de leurs exactions s'est perpétué en Thiérache ou le nom d'Erlach
est encore usité comme une épithète injurieuse ; on traite de
Derlaque (d'Erlach) un mauvais sujet, un brutal.

De 1641 à 1646, beaucoup d'habitants des villages d'Iviers,
Brunehamel, Coingt, Dohis, pour éviter les suites du passage des
troupes françaises et ennemies, se retirèrent dans la Haie d'Aubenton et y construisirent des bâtiments afin de resserrer leurs
bestiaux. Ces bâtiments furent ensuite vendus par ordre des
gruyers. *(Archives de l'Aisne)*.

Au mois de juin 1650, Iviers et les environs furent encore
saccagés par Turenne au service de l'armée ennemie.

Le 21 février 1651, quatre mille Espagnols, sous le commande-
ment du colonel Roze, vinrent occuper Rozoy ; ils y restèrent
jusqu'au 12 avril, commettant dans toute la région les plus épou-
vantables atrocités. A Iviers, l'église fut entièrement pillée, les
maisons et bâtiments brûlés, plusieurs habitants massacrés ; deux
particuliers, nommés Massin-Menu et Nicolas Gérard, furent saisis
et, pour les obliger à payer une forte rançon, on leur brûla les
pieds ; d'autres furent accrochés en l'air par le menton. *(Michaux,
histoire d'Origny)*. Les habitants du hameau de Corneaux se réfu-
gièrent dans le bois des Nuées et y bâtirent des huttes où ils s'abri-
tèrent. Mais en cherchant à éviter un ennemi, ils en trouvèrent un
autre en la personne du seigneur de Rancigny qui, au lieu de les

protéger, les fit condamner à chacun « quarante sols » d'amende pour avoir construit ces huttes, et fit déclarer toute la communauté de Corneaux solidairement responsable de l'amende. *(Minutes de l'étule de Brunehamel, année 1651).*

A cette époque encore, toute la Thiérache se trouvait dans un état lamentable ; les missionnaires de Saint-Vincent-de-Paul, venus pour y apporter quelques soulagements, disaient notamment dans leurs rapports :

« Nous venons de visiter trente cinq villages du doyenné de
» Guise, dont la misère est si grande que les habitants se jettent
» sur les chevaux morts après que les loups en ont fait leur curée ;
» il y a un très grand nombre de pauvres de la Thiérache qui,
» depuis plusieurs semaines, n'ont pas mangé de pain et ne se sont
» nourris que de lézards, de grenouilles et de l'herbe des champs...

» Nous voyons des hommes manger la terre, arracher l'écorce
» des arbres, déchirer les haillons dont ils sont couverts pour les
» avaler ; mais ce qui fait horreur et que nous n'oserions dire si
» nous ne l'avions vu, ils se mangent les bras et les mains, et
» meurent de désespoir.... »

La signature du traité des Pyrénées, en 1659, amena quelque tranquillité dans la contrée et, depuis lors, Iviers n'a jamais eu beaucoup à souffrir des guerres qui ont ensanglanté notre pays.

En 1793 les armées autrichiennes, et en 1814 les troupes russes, traversèrent Iviers plusieurs fois.

Lors de l'invasion de 1815 le village fut occupé par les troupes alliées ; elles y séjournèrent du 21 août au 7 septembre pendant lequel temps il leur fut fourni par M. Lamy-Hennequin, marchand épicier à Aubenton, quatre hectolitres vingt-cinq litres d'eau-de-vie et soixante-quatorze kilogrammes cinq cents grammes de tabac, représentant une valeur totale de six cent quatre-vingt-neuf francs quatre-vingts centimes. *(Archives d'Iviers).*

Pendant la guerre franco-allemande de 1870-1871, Iviers ne fut occupé par les troupes ennemies que fort peu de temps, notamment le 9 septembre 1870. Ce jour là il fut livré aux autorités allemandes, par voie de réquisition : cinq cents kilogrammes d'avoine, quinze litres de vin, dix litres d'eau-de-vie, dix kilogrammes de café, vingt kilogrammes de sucre, vingt kilogrammes de porc, cinq cents pains, cinquante litres de bière et deux cents cigares ; de plus, pour le transport de ces objets, il fut fourni une voiture, deux chevaux et un conducteur ; l'estimation en argent du tout a été fixée à quatre cent quatre-vingts francs.

La part contributive payée par la commune d'Iviers dans la réquisition en argent imposée sur l'arrondissement de Vervins à la décharge de l'arrondissement de Saint-Quentin, s'est élevée à cent vingt-sept francs cinquante centimes.

Par deux circulaires en date du 17 décembre 1870 et 5 janvier 1871, l'officier supérieur allemand Pochhammer, commissaire général de l'administration des contributions dans le gouvernement général à Reims, avisait le maire d'Iviers que *la seule* contribution directe qui ait été mise à la charge de la commune s'élevait : pour 1870 à *Dix huit mille quarante-huit francs*, et pour 1871 à *Vingt sept mille soixante-douze francs*. Ces circulaires ne sont parvenues à la mairie d'Iviers que le 15 février 1871, et les sommes ci-dessus n'ont pas été versées grâce à la perspicacité de M. Doré alors notaire qui, ayant appris à Laon, où il s'était rendu porteur des fonds, la ratification des préliminaires de paix, demanda au préfet prussien un sursis qui lui fut accordé ; c'était ce qu'il fallait puisque les versements furent suspendus à partir de cette époque.

IVIERS PENDANT LA RÉVOLUTION

Iviers, comme toute la France, se ressentit de l'époque troublée de la Révolution.

Dès 1786, et aussi en 1787, de nombreux actes d'insubordination et de rébellion avaient été remarqués et les vols continuaient sans relâche. En 1788, un rapport de Franquet, brigadier de maréchaussée à Montcornet, constatait que, dans la nuit du 8 au 9 août, on avait dévasté le jardin et les chénevières du prieur, les houblonnières du sieur Thiébault, dont on avait coupé les cent quatre-vingt-dix perches qui s'y trouvaient, et qu'en outre on avait coupé presque tous les arbres fruitiers se trouvant dans les jardins des membres de la municipalité. Un procès-verbal du même brigadier, en date du 27 février 1789, renfermait encore la constatation que, depuis six jours, on avait trouvé morts empoisonnés tous les pigeons du seigneur et du prieur.

La grêle générale du 13 juillet 1788, dont les funestes effets avaient privé la France d'une partie de ses ressources en blé, la prévision de la mauvaise récolte, l'hiver très rigoureux qui suivit et la perspective d'une famine, ne firent qu'accroître les désordres. C'est à peine si la convocation des Etats-Généraux, dont nous allons dire quelques mots, calma un tant soit peu les esprits.

Par une lettre de cachet du 24 janvier 1789, le roi convoqua pour le 27 avril à Versailles, 2 députés du Clergé, 2 de la Noblesse et 4 du Tiers-Etat du Vermandois ; quelques semaines plus tard, sur une réclamation de proportionnalité, il en fut accordé 3 au Clergé et à la Noblesse et 6 au Tiers. Chaque ordre devait établir un *cahier de doléances.*

Les 267 paroisses composant le bailliage de Laon, sur une sentence du lieutenant-général, se partagèrent en 21 districts pour nommer deux députés par district, afin de vérifier les pouvoirs et de réduire en un seul les cahiers de chaque district ; Rozoy-sur-Serre était le chef-lieu d'un district dont Iviers faisait partie.

Nous trouvons dans l'ouvrage de M. Combier sur les cahiers du *Tiers-Etat du bailliage de Laon,* l'analyse que voici des doléances contenues dans le cahier de la paroisse d'Iviers :

1. Suppression des privilèges et charges privilégiées.

2. Suppression des francs-fiefs ou des fiefs féodaux.

3. Suppression de la dîme.

4. Pauvres à la charge des cultivateurs ; c'est-à-dire remplacement de la dîme des pauvres par une contribution en leur faveur sur les cultivateurs.

5. Simplification ou réforme des impôts existants.

6. Fixation des impôts par nature.

7. Etablissement des impôts par les Etats-Généraux seuls.

8. Impôts à supporter par les trois ordres proportionnellement.

9. Réforme des droits de timbre et contrôle.

10. Reconnaissance et liquidation de la dette de la nation avec son crédit.

11. Confiscation des biens du Clergé.

12. Payement des dettes de l'Etat avec les biens du Clergé.

13. Autorisation d'aliéner les biens de la Couronne.

14. Réforme de la justice civile et criminelle.

15. Suppression des juridictions d'exceptions, d'attributions et des commissions.

16. Etablissement d'un tribunal de trois juges par arrondissement de trois, quatre ou cinq lieues de distance.

17. Nomination des juges à l'élection.

18. Attribution aux juges royaux de la prévention sur ceux des seigneurs.

19. Autorisation aux municipalités de village de tenir lieu de Justice dans chaque paroisse.

20. Règlement par les municipalités des petits délits.

21. Etablissement d'une seule loi et coutume.

22. Suppression des communautés religieuses.

23. Entretien des églises et presbytères à la charge des curés seuls.

24. Respect de l'asile des citoyens.

Voici la copie, que nous avons trouvée dans le même ouvrage, de l'assignation donnée aux seigneurs de Bancigny et d'Iviers, en exécution de la lettre de cachet sus-énoncée :

« L'an 1739, le 23 février, à la requette de monsieur le procu-
» reur du Roy au bailliage de Laon, pour lequel domicile est élue
» au greffe dudit siège, en vertu des lettres du Roy donné à
» Versailles le 24 janvier 1789 pour la convocation et assemblée
» des Etats généraux de ce Royaume, du règlement y joint et de
» l'ordonnance de M. Le Bailly de Vermandois et M. son Lieute-
» nant-général rendu en conséquence le 16 dudit jay Geoffroy
» Fouquet huissier Royal à Laon y demeurant soussigné donné
» assignation à M^{re} etc.

» Et par continuation du 26 dudit : A M^{re} le Comte d'Appremont
» seigneur de Bancigny au principal manoir dudit lieu audit domi-
» cile en parlant au Sr Vernont, son receveur....

» Et par continuation du 27 dudit : A Mre Daguisy, Seigneur
» d'Ivier au principal manoir dudit lieu audit domicile et parlant à
» sa personne.....

» A comparoir en personne, ou par procureur fondé de pouvoirs
» suffisants, pardevant M. Le Bailly de Vermandois et en son
» absence pardevant M. son lieutenant-général, pour assister à
» l'Assemblée des Trois-Etats, qui sera tenue dans la ville de
» de Laon le 16 mars prochain et concourir avec les autres députés
» de leurs ordres à la rédaction des Cahiers de Doléances plaintes
» et Remontrances et procéder à la nomination des députés qui
» seront envoyés aux Etats-Généraux le tout conformément et en
» exécution desdittes Lettres du Roy, Règlement y annexé et
» l'ordonnance de mondit sieur Le Bailly ; leur déclarant que faute
» de s'y trouver, ou procureur pour eux, il sera donné deffaut et
» afin qu'ils n'en ignorent Je leur ai auxdit domicile En parlant
» comme Dessus laissé à chacun séparément copie de mon présent
» exploit lesdits jour et an ». Signé : « Fouquet ».

Le comte d'Apremont était présent à l'assemblée en question ; il fut élu commissaire pour la vérification des titres et des procurations de la Noblesse. Quant à M. d'Aguisy, il se fit remplacer par M. de Beaumé.

Les délits, les excès, le désordre ne faisaient que s'accentuer à Iviers et l'ère révolutionnaire trouva la population toute préparée pour les divers épisodes que nous allons rappeler.

Le 13 novembre 1789, trois voitures de blé et de seigle sont arrêtées par les habitants qui obligent les voituriers à leur céder le blé à trois livres le quartel, et le seigle à trente-cinq sols.

La première fête de la Fédération a dû, comme partout ailleurs du reste, se célébrer à Iviers, le 14 juillet 1790 ; cependant les registres de la commune n'en font aucune mention.

Le 1er mai 1791, M. Valtier, maire, en présence du Conseil général de la commune et des officiers de la garde nationale, prononce, à l'occasion de la mort de Mirabeau, le célèbre orateur, le discours suivant que nous rapportons tel qu'il se trouve transcrit aux archives communales :

« Nos chers freres et amis vous sçavez que cest la cruel perte
» que tous les bons citoyens onts fait de monsieur de Mirabeaux
» qui nous rasemble en ce moment. Connoissant votre patriotisme
» mes cheres concytoyens je fait la motion de lavis de mes collegue
» quil soit solemnellement celebré en notre eglise un service pour
» le repos de lame de cest illustre représentant qui nous a donné
» tant de marque de son patriotisme, qui setant tant devoué au
» bonheur commun a terminé a la fleur de lage sa carriere pour
» un travail trop excessive. Oui mes cheres concitoyen ce bon
» patriot et mort, mais ne vous allarmé pas il laisse des instruction
» qui le ferons vivre eternellement dans nos memoire et prions
» que dieu lui fasse paix et misericorde ».

La motion ayant été acceptée d'une voix unanime, la service funéraire a été célébré le jour même et, ajoute le procès-verbal de la séance, « tous les citoyens de la commune sans exception y » ont assisté dans le plus grand recueillement ».

Le 29 juin 1791, le conseil de la commune, pour répondre à une note du Conseil général du département de l'Aisne demandant que les communes cheisissent des instructeurs pour la garde nationale et les paient sur leurs revenus, fait remarquer aux administrateurs du district de Vervins dont il implore le secours, que « notre garde national respecte tous les décret, et tous dans lin-
» tention aussy bien que nous de repandre leur sang pour les
» soutient de la constitution mais nayant aucune instruction ny
» aucune arme pour cest venger contre les ennemy de la patrie
» notre commune nayant aucun bien dont et observé dans l'arreté
» general et la plus pauvre des environ nous vous prions en conse-

» quence messieurs faire droit a notre Juste petition les plus
» promtement posible afin que nous soyont aporté de vendre
» notre vie chere sy le qua y echoy» .

L'enthousiasme, on le voit, allait grandissant.

Le 3 juillet 1791, dans un bel élan de patriotisme, quarante-sept citoyens d'Iviers, jeunes et vieux, demandent à être mis en activité de service conformément au décret de l'assemblée nationale du 21 juin 1791. Voici, par ordre alphabétique, les noms de ces patriotes avec l'indication de leur âge :

Barbier Antoine, menuisier, 22 ans ;
Barbier Nicolas, marchand, 24 ans ;
Bertrand Pierre, tisserand, 29 ans ;
Blanche Nicolas-Denis, maçon, 23 ans :
Blondaux Jacques, 20 ans ;
Blondaux Nicolas, 23 ans ;
Bouchart Denis, scieur de long, 16 ans ;
Bouchart Jean-Antoine, scieur de long, 22 ans ;
Bouchart Pierre-François, scieur de long, 19 ans :
Broniet Jean-Louis, manouvrier, 24 ans ;
Caron Pierre-Louis, manouvrier, 26 ans ;
Charlier François, tisserand 24 ans ;
Charlier Jean-Louis, tisserand, 19 ans ;
Clément François, marchand, 31 ans ;
Cloet Claude, manouvrier, 24 ans ;
Dautreppe Jean-Charles, marchand de toile, 30 ans ;
Féra Louis, menuisier, 21 ans ;
Féra Pierre-Louis, menuisier, 24 ans ;
Féré Antoine, marchand, 45 ans ;
Gervais Félix, cloutier, 18 ans ;
Gervais Nicolas, le jeune, 19 ans ;
Guillaume Henry, l'aîné, boucher, 48 ans ;
Guillaume Henry, le jeune, boucher, 18 ans ;
Guillaume Jean-Nicolas, manouvrier, 26 ans ;
Hazart Joseph, 22 ans ;
Hazart Nicolas, 25 ans ;
Hélie Nicolas, 23 ans ;
Hubert Nicolas, domestique, 24 ans ;
Jacquet Charles, sabotier, 20 ans ;
Lamart Nicolas-Joseph, charpentier, 26 ans ;
Lamart Pierre, charpentier, 26 ans ;
Lamy Pierre-François, tisserand, 15 ans ;

Lefèvre Jacques, charpentier, 20 ans ;
Lémeret Thomas, tisserand, 30 ans ;
Maillard Nicolas, tisserand, 18 ans ;
Martin Jean-Baptiste, tisserand, 21 ans ;
Mennesson Nicolas, le jeune, tourneur, 25 ans ;
Pacquet Jean-Baptiste, sabotier, 48 ans ;
Richet Jean-Baptiste, vannier, 35 ans ;
Richet Nicolas, vannier, 60 ans ;
Thiébault Charles, tonnelier, 22 ans ;
Thiébault Denis, tisserand, 27 ans :
Valtier Antoine, fondeur, 18 ans :
Valtier Antoine, marchand, 45 ans ;
Valtier Pierre-Louis, fendeur, 40 ans ;
Valtier Pierre-Louis, le jeune, fendeur, 17 ans :
Vuaflart Antoine, tisserand, 30 ans.

La deuxième fête de la Fédération fut célébrée le 14 juillet 1791 et ce jour là, après avoir, ainsi que la municipalité, renouvelé le serment de « vivre libre ou mourir », le maire, Jean-Baptiste Valtier, a « présenté » un discours recopié aux archives et que nous reproduirons ici sans en rien changer :

« Cher citoyens dans les siecles le plus reculée nos ancettres ont
» adoré les decret de notre dieu tout puissant et ces sont soumis
» avec une profond humilité de suporter les poids enorme dont
» ils étoit chargé et rendoit grace a cette Etre supreme, et nous
» aujourdhuy cher compagnons de quel expressions pouvons nous
» nous servire pour rendre des actions des graces a ce grand Dieu
» quel sacrifice peut on luy offert qui puisse etre lombre de ce
» que nous luy devons. Fixons nous a la revolution plus nous
» reflechissons sur les evenement qui sont arrivé depuis lentré
» des etats generaux plus nous sentirons notre ame selever vers
» cet Etre supreme pour lui rendre mille actions de grace de ce
» quelle a faitte echouer tous les projet criminel des ennemy de
» la patrie, la prise de la bastille les projet criminel des prince et
» seigneur et du clergé, Le depart du roy et de la famille royal
» decouvert a propos, ce nest la chers amy que ceux qui ont mené
» plus de bruit ; les autres projet qui ont été fait sourdement nen
» sont pas moins criminel tous cela et devenu inutil, Unissons
» nous dont tous de cœurs et desprit, entourons lautel de la patrie
» que voila icy au millieu de nous pour adorer ce Dieu tou-puis-
» sant de ce quil a sauvé son peuple et prions le quil ne nous
» abandonne pas et quil veuille bien faire rentrer les Ennemis de

» la patrie a leur devoir, il ne nous faut pas perdre de vue la
» reconnoissance que nous devons a nos auguste représentans a
» iassemblé national des travaux penible quils ont du et quils ont
» tous les jours a essuyez pour nous afin de nous rendre libre et
» heureux, nous ne voyons plus rien a desirer les impot bien
» adoucis, les droits de nommer tous nos représentans nos man-
» dataire nos administrateur, les droits feodaux sont abolie la
» gabelle les traites le tabac libre les aides les bannalité la marque
» de cuivre et de fer le pont et chaussée la dime, plus de distinc-
» tion dordre ces ce qui vou may par conséquent dans lesperance
» de pouvoir parvenir a touttes les grades ayant les capacité
» requise. Non nous François genereux nous nest seront pas assez
» ingrat d'oublier la reconnoissance que nous devons a ces digne
» representans des travaux quil ce donne pour nous rendre heu-
» reux nous leur jurons a la face du ciel et de la terre que nous les
» soutiendront de tout notre pouvoir jusque a la derniere goutte de
» notre sang et en leurs imitations que nous voulons vivre libre
» ou mourir. Cher freres et amy pour parvenir a cette heureuse
» fin quil ne peut pas manquer unissons nous de nouveaux desprit
» et de cœur quil regne parmi nous une parfaitte harmonie que
» l'on porte sans murmurer les respect due a ces superieur et par
» la nous vaincront tous les ennemis quil ne sont deja que trop
» abatue, noublions pas non plus dans notre reconnoissance ces
» brave garde national le soutient de la constitution avec quel
» intrépidité ne ce sont til pas montré dans touttes les circonstance
» ou ils ont été requis, le pasteur de notre paroisse comme notre
» chef de religion merite a tous égar place dans notre reconnois-
» sance pour son caractère et ces qualité personnel. Cher conci-
» toyens nous bornerons notre discours de lavis des messieurs
» les officiers municipaux et de M. le Procureur de notre com-
» mune a vous demandé votre amittié et votre protection comme
» ayant lhonneur detre vos représentans par vos suffrage, et vous
» jurer de nôtre sincere attachement a vous tous sans distinction.
» Vous brave mère de famille qui nous écoutay apprenez de bon-
» heur a vos cher enfans le bonheur de la liberté que Dieu leur a
» destiné reppetay leur souvent afin que cela simprime dans leur
» cœur ».

L'enthousiasme était alors à son comble, et le 22 juillet 1791,
après avoir proclamé Jean-Baptiste Pacquet receveur des impositions fonciere et mobiliere, la municipalité présentait une nouvelle
requéte à l'effet d'obtenir des armes pour la garde nationale

« n'étant point en armes pour faire ses fonctions quoiqu'étant
» remplie de bonne volonté ». Ce n'était tout de même pas la bonne
volonté qui manquait car, le 6 février 1792, Henri Fouquet, de
Fontaine-les-Vervins, était arrêté par la garde nationale pour avoir
dit que « les curés soutenaient avec raison que les diables étaient
» sortis de l'enfer pour entrer à l'Assemblée », jugé le jour même
et, en raison de la manifestation de ses regrets, condamné à « la
» modérée amende de quarante-cinq sols qui a servi à salarier trois
» gardes nationaux qui ont été employés pour l'arrêter et le garder
» depuis deux heures après-midi jusqu'à sept heures du soir ».

Divers délits ayant été constatés, la municipalité, en vertu du
droit que lui confère la loi du 28 septembre 1791, nomme, le 26
mars 1792, Jean-Baptiste Richart comme garde-champêtre, (c'est
le premier qui a porté ce titre à Iviers), aux appointements de
soixante-douze livres pour une année, et ne pourra, dit la délibération, « ledit garde-champetre sautorizer a porter aucune armes
» a feaux, pourra suivant l'article deux du departement de l'aisne
» du quinze fevrier dernier sarmer seulement d'une pique ou
» albade quil lui sera fourny par la municipalité dudit lieu ainsy
» que la plaque de metaille ou detoffe quil sera dans le cas de
» porter sur le bras dont les frais de ces avance seronts preleve
» sur le premier amande ».

La première amende se faisant trop attendre, le procureur de
la commune requiert la municipalité, le 12 août 1792. « d'ordonner
» au garde champêtre nommé par elle, de veiller avec exactitude
» sur toute les propriétés comprises sur le territoire de la com-
» mune ». Richart fait très probablement mieux son service et,
l'année suivante, son traitement est porté à cent cinquante livres,
puis ensuite à quatre cent vingt livres « vu le prix excessif de tous
» les objets de la vie ».

La disette se faisait, en effet, sentir depuis longtemps puisque
le 13 juin 1792, sur la demande des habitants, la municipalité
décidait qu'une visite serait faite dans tous les greniers d'Iviers
« afin de statuer ce qu'il se pourra trouver de blé à vendre pour
» subvenir à la nourriture de ceux qui sont dans le besoin » pour,
ensuite, rassembler le conseil « pour en taxer le prix y étant forcé
» et contraint et ainsi que les communes voisines l'ont fait ». Cette
visite eut lieu le lendemain « pour empêcher toute émeute popu-
» laire », et il fut constaté que deux cent quatre-vingt-quatre quartels
de blé et seigle pouvaient être vendus au prix de quatre livres le
quartel aux pauvres, et de quatre livres dix sols aux aisés, le tout
sur la production d'un bon du maire et au comptant.

Le 28 septembre 1792, tous les membres de la municipalité prêtent le serment exigé par la loi du 14 août 1792 « d'être fidèles » à la nation et de maintenir la liberté et l'égalité ou de mourir » en les défendant ».

Le 4 novembre 1792, Jacques-Joseph Caron, ancien maître d'école à Iviers, est nommé maire, Denis Thiébault procureur de la commune, et Jean-Baptiste Picart officier public de l'état-civil dont les registres sont remis le lendemain au corps municipal, en exécution de la loi du 20 septembre 1792, par M. Chalonnier prieur curé.

L'effervescence des passions va en augmentant, tandis que l'élan patriotique des premiers jours commence à diminuer. Des délits assez sérieux sont encore commis sur tout le territoire et principalement au bois des Nuées. Les gardes laissaient-ils faire les délinquants ? C'est à peu près certain car, dans un procès-verbal du 16 décembre 1792 constatant que la municipalité a visité le bois des Nuées, nous trouvons cette relation : « nous n'ignorons point » que les délits aient été faits par la voie du sieur F... garde ». Dans une délibération du 6 octobre 1793, les maire et officiers municipaux déclarent de nouveau « qu'ils n'ignorent pas que le » garde ne soit de complicité, d'autant plus que l'on ne trouve » aucune trace d'enlèvement ».

Le 8 décembre 1792, sur l'ordre de Dumouriez « général d'armée », il est requis à Iviers trois voitures pour charger à Aubenton et se rendre à Fumay, « sur quoy les laboureurs ont refusé tous ». A la suite de ce refus, un arrêté du directoire du district de Vervins, en date du 15 décembre 1792, oblige la commune d'Iviers à amener chaque semaine à Aubenton, neuf jallois de blé.

Le 17 mars 1793 on procède, par la voie du sort, au recrutement de treize hommes qui sont demandés pour le contingent. Sont désignés : Barbier Jean-Nicolas ; Blanche Nicolas ; Bouchart Denis ; Caron Pierre ; Charlier Louis ; Clouet Pierre ; Day Denis ; Lefèvre Antoine ; Lerouge Pierre-Louis ; Martin Jean-Baptiste ; Martin Pierre ; Marville Claude ; Valtier Pierre-Louis.

Au mois d'avril 1793, les administrateurs du district de Vervins enjoignent à la municipalité d'Iviers de requérir cinq voitures pour aller charger à Chigny et se rendre à Valenciennes ; les laboureurs s'assemblent et, après avoir pris connaissance de l'arrêté, promettent de se rendre avec les cinq voitures au lieu indiqué pour le chargement ; mais le 23 dudit mois d'avril, les officiers municipaux de la commune, en présence du maire et du procureur,

déclarent qu'ils ont appris par voie indirecte que les laboureurs
« feraient préférablement leurs mars[1] que d'aller au convoi » et
qu'ils sont « rebelles aux lois ».

Le 9 juin suivant, trois hommes sont fournis pour les « travaux
» de Maubeuge »; ce sont : Pierre-Louis Demolon ; Claude Guerbet,
l'aîné ; Charles-Louis Poulain. Il leur est alloué à chacun huit livres
par jour.

Le 16 juin il est procédé, par la voie du sort, à la levée de douze
hommes demandés « pour abattre les bois devant servir aux forti-
» fications du Quesnoy et de Landrecies ». Il leur est alloué cinq
livres par jour et par tête, avec condition « qu'il sera, aux dépens
» de la communauté, fourni à chaque ouvrier qui n'en aura pas,
» une hache qu'il devra représenter ou dont il devra faire compte ».
Le sort désigne : Barbier Jean ; Coquigny Nicolas ; Crampont
Jean-Louis ; Delvincourt Pierre ; Gervais Félix ; Grenier Pierre ;
Lefèvre Henry ; Lémeret Thomas ; Lerouge Jacques ; Lerouge
Jean ; Poussain François et Thiébault Denis, qui le 7 juillet, reçoivent pour la plupart, chacun trente livres, soit un salaire représentant six jours de travail.

Le 7 juillet, toujours par voie de tirage au sort, Grenier Nicolas
dit Bouchart, Jacquet Nicolas et Vuaflart Antoine, sont désignés
pour « les abatis à faire dans la forêt de Mormal », à raison de cinq
livres par jour et par tête.

Le 19 juillet 1793, les maires et officiers municipaux des communes d'Iviers, Mont-Saint-Jean et Beaumé, se réunissent dans la
« ci-devant église » d'Iviers à l'effet de désigner deux pionniers
qui sont demandés par le conseil permanent du district de Vervins.
Se présentent volontairement et sont acceptés comme possédant
les qualités requises par la loi : Louis Férat, manouvrier à Iviers,
d'une taille de « cinq pieds un pouce », et Antoine Didier, manouvrier à Beaumé, de même taille. Le prix est débattu et fixé à seize
cent vingt et une livres ainsi réparties : Iviers, huit cent vingt-
trois livres ; Mont-Saint-Jean, quatre cent dix-huit ; Beaumé, trois
cent quatre-vingts.

Le 25 août 1793, Jean-Baptiste B..... d'Iviers se porte caution
« corps pour corps » de son fils qui s'est flatté de ne point servir
la République comme citoyen, et de ne point « fournir au contin-
» gent ».

Le 27 septembre 1793, les maire, officiers municipaux, procu-

---

1. Ensemencements des avoines etc.

reur et notables habitants de la commune déboutent de toute fonction Pierre-Louis B......, percepteur, « comme étant suspect » par sa conduite » et le remplacent le 6 octobre, par François Pacquet qui est proclamé adjudicataire de la charge de percepteur moyennant quarante-cinq livres. Il est lui-même remplacé le 13 prairial an II (1er juin 1794) par Pierre-Louis Gervais, le jeune, au profit de qui l'adjudication de cette charge est prononcée moyennant soixante-cinq livres.

Le 10 octobre 1793, le procureur de la commune requiert les laboureurs du hameau de Corneaux à l'effet de conduire à Vervins une voiture d'avoine pour l'approvisionnement de Pari-. Les laboureurs refusent malgré la sommation à eux faite.

Les greniers sont à sec et Iviers possède si peu de grains que, deux jours après, le directoire du district de Laon autorise les habitants à s'approvisionner aux marchés de Brunehamel et de Rozoy.

Un comité de surveillance est formé à Iviers le 17 novembre 1793. Il se compose de douze membres qui choisissent Jean-Baptiste Vallier pour président.

Huit jours après sa formation, ce comité découvre un faux billet de cinq livres mis en circulation par un individu de Magny. Il est à croire qu'il existait beaucoup de ces billets contrefaits puisque, le 9 mars 1792, un individu d'Iviers avait déjà été arrêté à Brunehamel comme porteur « de faux assignats de la Caisse patriotique » de Reims ».

Le 2 nivôse an II (22 décembre 1793), Denis Thiébault est nommé secrétaire-greffier aux appointements annuels de trente livres, lesquels appointements sont, l'année suivante, portés à deux cent vingt-cinq livres, à la charge par ledit secrétaire « de fournir » le papier, les plumes et l'encre pour les affaires de la commune ».

Le 11 nivôse, la municipalité recueille quatre-vingt-dix-sept chemises et cent dix livres pour acheter des souliers, le tout destiné aux « soldats de la patrie ». Le recensement des fusils en indique quatorze de tous calibres.

Le 16 du même mois il est procédé à la nomination d'un agent national (ci-devant procureur de la commune) ; c'est Jean-Baptiste Hazard qui est choisi. Le 11 floréal an II (30 avril 1794) il reçoit du Comité de Salut public la lettre suivante relative à ses fonctions près le corps municipal d'Iviers :

« Ta voix ne doit pas compter dans les délibérations qui s'y » prennent ; chargé de requérir auprès du corps municipal l'exé-

» cution des lois, tu dois assister à toutes les séances ; il ne peut
» y être fait aucun rapport sans que tu en aies eu communication,
» ni être pris aucun arrêté sans que tu aies été entendu, soit ver-
» balement soit par écrit. *Le corps municipal près lequel tu es*
» *attaché ne peut t'empêcher de faire coucher sur les registres les*
» *réquisitions ou conclusions que tu es dans le cas de prendre.*
» Ton substitut remplit les fonctions pendant ton absence d'après
» les règles ci-dessus établies. Lorsque tu es présent ton substitut
» n'a d'autre caractère que celui d'officier municipal, ta marque
» distinctive est la même que ci-devant. Je te fais connaître ces
» dispositions pour que tu t'y conformes ponctuellement et que
» tu requières l'enregistrement de la présente sur le registre à ce
» destiné, dont tu me certifieras ».

Malgré ses nombreuses occupations, la municipalité pense à
l'instruction populaire et choisit pour instituteur, le 14 germinal
an II (3 avril 1794), le citoyen Jean Baptiste Picart « bon républi-
» cain », auquel succède le 24 fructidor suivant (10 septembre
1794) Jean-Baptiste Hazard, agent national, également « bon répu-
» blicain ».

Jean-Baptiste Hazard ne pouvant être simultanément instituteur
et agent national est, le 23 nivôse an III (12 janvier 1795), remplacé dans cette dernière fonction par le citoyen Etienne Varlet
que la municipalité délègue « pour l'épuration de la commune » ;
celui-ci jure à l'instant, sur son âme et conscience, « de bien et
» fidèlement remplir ces fonctions, de faire le bien de ses conci-
» toyens et maintenir la République une, indivisible et impéris-
» sable ».

Quel fut le résultat de son *épuration* ? L'histoire ne nous le dit
pas, mais ce qu'il est facile de constater, c'est qu'Etienne Varlet a
épuré consciencieusement les greniers des habitants et les finances
de la commune. En effet, le jour même de sa nomination, 23 nivôse
an III, Iviers est requis de fournir, pour les besoins de l'armée,
quatre-vingt-quatre quintaux d'avoine, paille et foin, qui doivent
partir le 27 pour être conduits à Valenciennes. La livraison sera
faite par six habitants désignés qui seront tenus de fournir, toutes
les vingt-quatre heures, une quantité déterminée, sous peine d'être
traduits devant le tribunal révolutionnaire du district de Vervins.

Le 20 pluviôse an III (8 février 1795), sur la réquisition de
l'agent national, on ouvre le « coffre » municipal et l'on trouve
qu'il contient cent quatre-vingt-dix neuf livres cinq sols qui devront

servir à payer certains ouvriers qui réclament leurs salaires pour
des travaux.

Huit jours après, nouvelle réquisition de quarante quintaux de
foin à conduire, dans les vingt-quatre heures, au magasin de
Vervins, et de dix quintaux d'avoine à conduire, dans le même
délai, à celui d'Aubenton.

Un an plus tard, le 30 nivôse an IV, la commune est contrainte
de contribuer pour onze mille quatre cent cinquante livres à l'emprunt forcé. Cette somme est avancée par plusieurs citoyens de
la commune, qui la versent entre les mains de Denis Thiébault,
le jeune, nommé percepteur spécial pour cet emprunt.

Le 11 vendémiaire an IV (3 octobre 1795) un citoyen, non muni
des papiers exigés par le Comité de Salut public, est arrêté aux
Huttes commune de Coingt, porteur d'un sac contenant environ
quatre quartels de blé. Il est conduit devant les officiers municipaux d'Iviers qui confisquent le sac après l'avoir scellé.

Le 19 du même mois Jean-Baptiste Robin, d'Hannapes, se présente et offre ses services pour l'instruction des enfants de la commune. Après avoir, séance tenante, passé à « l'examen de sa capa-
» cité et l'avoir trouvée conforme à ses désirs », la municipalité
l'accepte et demeure d'accord de lui donner par chaque mois trois
cents livres — assurément en assignats, — « et nourri une journée
» par chaque écolier, à commencer du 1ᵉʳ brumaire prochain »,
jour fixé pour tenir l'école, « jusqu'à la fin d'avril, vieux style ».

Quoique l'horizon politique paraisse un peu moins sombre, la
surveillance n'en reste pas moins rigoureuse et, le 28 floréal an IV
(17 mai 1796), deux individus voyageant sans papiers sont arrêtés
à Iviers. L'agent municipal envoie un messager à chacune des communes où ils déclarent avoir leur domicile, pour savoir s'ils sont
inscrits sur les tableaux desdites communes ; en attendant le renseignement ils sont conduits au chef-lieu du canton par huit hommes
de la garde nationale.

En plus des faits que nous venons de rappeler et de ceux que
nous relaterons dans les chapitres traitant des choses auxquelles
ils s'appliquent plus directement, il ne nous paraît pas inutile de
dire que pendant les dernières années de la Révolution, plusieurs
engagements ont été faits par divers habitants d'Iviers, de fournir
à la septième commission exécutive ayant son siège à Aubenton,
et à première réquisition, des voitures à deux roues attelées de
quatre chevaux.

TROISIÈME PARTIE

TROISIÈME PARTIE

LA CURE ET LES PRIEURS ET CURÉS

La fondation de la cure d'Iviers par Hildegaud, seigneur de Rozoy, remonte à l'année 1048 ; cette cure fut donnée au chapitre de Rozoy et ses revenus affectés au besoin du réfectoire pendant le carême.

En 1199, c'est-à-dire près de deux siècles après ladite fondation, Eudes avait augmenté les quinzes prébendes que possédait ce chapitre dont il était le doyen, par la création de trois prébendes nouvelles avec les revenus de diverses cures parmi lesquelles se trouvait celle d'Iviers ; mais, sur la représentation faite au pape Honorius III que déjà ces cures avaient été données pour les besoins du réfectoire, les trois nouvelles prébendes furent supprimées et le pape ordonna, par l'organe du prieur de Saint-Jean de Laon à qui il adressa sa bulle en 1222, que le revenu desdites cures fut affecté aux fins de la donation.

La cure d'Iviers passa vers le xiii⁰ siècle à l'abbaye de Cuissy, maîtresse de la seigneurie et, en 1584, le chapitre de Rozoy obtint de cette abbaye un titre nouvel pour une rente annuelle de quatre muids de froment, dont le service fut garanti par le sieur de Margival comme détenteur et propriétaire de la seigneurie d'Iviers qui y était affectée ; cette rente devait se payer à Dizy-le-Gros dont les religieux de Cuissy possédaient le territoire et l'autel.

Jusqu'à la Révolution, la cure d'Iviers resta la propriété de l'abbaye de Cuissy qui y nomma des titulaires appelés *prieurs*.

Lorsqu'un prêtre était nommé titulaire de la cure, il en faisait constater par acte notarié sa prise de possession. Cette cérémonie

avait lieu en présence des prêtres des localités voisines et des
« maire, eschevins et principaux habitans composant la Commu-
» nauté » qui signaient l'acte de prise de possession. Le notaire
constatait ordinairement : 1° que lecture avait été faite par lui des
lettres de provision ; 2° que le nouveau promu était entré librement dans l'église paroissiale ; 3° qu'il avait pris de l'eau bénite et
s'était agenouillé devant le grand-autel pour faire sa prière ;
4° qu'il avait baisé et touché l'autel en signe de vraie possession ;
5° qu'il s'était assis à la place ordinaire du curé ; 6° qu'il avait sonné
les cloches ; 7° et que personne ne s'était opposé à ladite prise de
possession. Après cette constatation le notaire faisait défense à
toutes personnes, sous les peines de droit, de troubler le titulaire
dans la jouissance de tous les droits attachés à la cure.

En 1609 « honorable homme frere pierre du Parcq », religieux
de l'abbaye de Cuissy, était prieur d'Iviers. Il était originaire de
Craonne et exerça les fonctions curiales jusqu'en l'année 1619, au
commencement de laquelle il quitta Iviers pour rentrer à l'abbaye
de Cuissy, et fut remplacé par « venerable et discrette personne
» frere Raulx de la Chaise ».

Raulx de la Chaise eut pour successeur en 1626, Ancelot Porte-
lette, religieux de l'abbaye de Cuissy, qui se faisait assister dans
ses fonctions par Nicolle Monnepveux « prestre vicaire de la cure
» d'Iviers ».

Pierre Dufour, religieux de la même abbaye, succéda à Porte-
lette en 1631 et fut remplacé, en 1639, par Nicolas Rainbault,
chanoine de l'ordre de Prémontré, qui exerça jusqu'en l'année
1668.

Dom Antoine Gornay, religieux de Bonnefontaine, ordre de
Citeaux, lui a succédé et a exercé de 1668 au 31 mars 1686. Ce fut
lui qui, le 24 novembre 1685, en présence de Henry-Charles de La
Fontaine dont la femme possédait la seigneurie d'Iviers, reçut
l'abjuration des adeptes de la religion réformée dont il a dressé la
liste suivante :

1° Jean Fournaise, tailleur d'habits, 60 ans ; Marie Chevalot, 50
ans, sa femme, et Jacques Fournaise, leur fils ;

2° Abraham de Troye, laboureur, 46 ans ; Suzanne Buëz, 50
ans, sa femme, et Marie de Troye, 14 ans, leur fille ;

3° Pierre Corniquet, manouvrier, 68 ans ; Anne Lecoyer, 60
ans, sa femme ;

4° Pierre Corniquet, le jeune, ouvrier de toiles, 36 ans ; Jacque-
line Godelle, 23 ans, sa femme :

5° Lambert Dépernay, manouvrier, 50 ans ; Elisabeth Fournaise, 45 ans, sa femme, et leurs cinq enfants.

Le prieur Roger Dormet, qui signait aussi *Dormay,* chanoine régulier de l'ordre de Prémontré, succéda le 1er avril 1686 à Antoine Gornay.

Il ambitionnait la cure de Brunehamel, plus importante que celle d'Iviers, et, au commencement de l'année 1690, fit avec Jean Noël, prêtre et curé de Brunehamel, une convention par laquelle ce dernier s'engageait, moyennant une pension viagère, à donner sa démission de curé en faveur dudit Dormet.

Comme suite à cette convention, et suivant acte reçu par Le Moisne notaire à Brunehamel, le 26 juin 1690, Jean Noël a passé procuration « pour resigner et remettre aux mains de nostre Sainct
» Pere le Pape ou Monseigneur son Vice Chancellier ou autre
» ayant a ce pouvoir La Cure dud. Brunehamel dont ledit sieur
» Noël est pourvu et a present possesseur ayant suplié sa Sainc-
» teté dadmettre lad resignation au nom et au proflit de messire
» Roger Dormet prestre cure dIviers chanoine regulier de lordre
» de Piemonstré et non daure ny autrement...... et affirmer en
» lame dud. Noël, comme il a fait, quen lad. resignation Il ny a
» et ny aura aucun dol, fraude Simonie ny autre convention Illi-
» cite dautant que par Icelle Il a seullement une pension viagere
» pour led. Noel dont les parties sont convenues eu Egard au
» revenu de lad. Cure ». Cet acte a été fait « en pleine liberte et
» de bon gre de la part dud. Noèl qui reconnoist en devoir rece-
» voir avantage Canonique par la pension exprimee et dautant
» plus quil est apresent agé et hors dEstat par ses Infirmités de
» faire les Fonctions Curiales auxquelles il est Engagé ».

Par exploit de Estienne Guiaux, sergent royal à Rozoy, du 7 juillet 1690, la procuration ci-dessus a été révoquée ; mais, par un autre acte notarié en date de 13 juillet 1690, ledit Noel déclare que c'est « par un conseil capricieux et Contraire a la decharge de sa
» Conscience quil a este poussé de faire signifier une revocation »
de sa procuration, et que « il revoque led. exploit selon sa forme
» et tenure comme contraire a sa volonté et ayant este fait au pre-
» judice de sa bonne et libre intention et par surprise », puis donne de nouveau procuration pour remettre la cure de Brunehamel à messire Roger Dormet « et non dautre ny autrement » le tout « ayant este accepte par led. sieur Roger Dormet ».

Ces conventions reçurent leur exécution et Roger Dormet fut remplacé à Iviers par Louis-Roland Dormay, chanoine régulier de l'abbaye de Saint Martin de Laon, qui exerça jusqu'au 31 décembre 1698.

Roger Dormay, qui nous paraît être le même que l'avant-dernier nommé, chanoine régulier de Saint Augustin, fut le successeur de de Louis-Roland Dormay comme prieur d'Iviers. Le 23 octobre 1707, le marguillier lui soumit les comptes de la fabrique de l'église pour l'année précédente. Parmi les recettes et dépenses portées auxdits comptes figurent celles ci-après qui sont, croyons-nous, assez intéressantes pour être rapportées ici :

» Reçu vingt-quatre livres pour le loyer des cloches aux bap-
» têmes.

« Reçu pour le pain bénit et les recommandises et quêtes, dix-
» huit livres ;

» Reçu pour la quête du cierge bénit, douze livres ;

» Payé au maître d'école quatorze livres pour son année d'obits
» au chœur au jour de la St Jean 1706 ;

» Payé pour le pain et le vin pendant l'année, quatre livres ;

» Payé neuf livres cinq sols de *toillette* pour faire un surplis
» neuf au maître d'école, le 19 mars ;

» Payé vingt-trois livres à M. Caton, marchand à Laon, pour le
» payement d'un dais à franges d'argent et façon d'icelui ».

Roger Dormay resta titulaire de la cure d'Iviers jusqu'en 1711, époque à laquelle elle passa à Claude Legros, chanoine de l'abbaye de Thenailles, qui mourut à Iviers le 3 août 1726 et fut inhumé dans le cimetière.

Le successeur de Legros fut Nicolas-Ignace Rouzereaux, religieux de l'ordre de Prémontré.

Le prieur Rouzereaux mourut à Iviers le 28 mars 1742 et fut aussi inhumé dans le cimetière. L'inventaire dressé chez lui le lendemain de son décès, constate que la « Cotte morte » et la succession du curé appartenaient aux pauvres et à la fabrique de la paroisse.

A Rouzereaux succéda Jean Jouin, de l'ordre de Prémontré. Voici la teneur complète du procès-verbal de prise de possession de la cure d'Iviers par ce dernier :

« L'an mil sept cent quarante deux le vingt quatrième jour
» d'avril avant midy, Pardevant Moy Jean Noiron Notaire Royal
» residant à Martigny soussigné Est comparu frere Jean Jouin
» Religieux de lestroite observance de lordre de Premonstré de
» l'abbaye de Cuissy Diocese de Laon accompagné de dom Jean

» Robert Milon prieur curé de la parroisse de Coing y demeurant,
» Lequel frere Jean Jouin désirant prendre possession de la Cure
» de Sainte Marie Madelaine d'Iviers diocese de Laon, vacante par
» le deces de frere Ignace Rouzereaux prestre curé dud. Iviers
» dernier titulaire, en vertu des provisions a luy accordées par
» Monseigneur Illlustrissime et Reverendissime Evesque duc de
» Laon en datte du six du present mois signé Barbier archidiacre
» vicaire general, insinué et controllé à Laon le huit aussy du pre·
» sent mois signé Lorrain, Sur la nomination de messire Charles
» Martin abbé regulier de l'abbaye de Cuissy en datte du vingt
» huit mars aussy dernier signé f. Charles Martin, Ledit sieur
» Jean Robert Milon lauroit mis en possession reelle et actuelle
» de lad. Cure par la libre entrée en l'Eglise parroissiale dud.
» Iviers, prise deau benite, son de la cloche, priere devant le
» Crucifix, baiser et toucher de lautel, seance en la place ordi-
» naire du Curé, et observé toutes les autres formalités requises
» en pareil cas, a laquelle prise de possession personne ne sest
» opposé ; Lecture faite desdites lettres de provision a luy
» accordées par Monseigneur lEvesque duc de Laon, Nous
» avons fait a toutes personnes defense sous les peines de droit
» de troubler led. frere Jean Jouin dans la jouissan·e des droits,
» revenus, emolumens et appartenances dues a lad. Cure de Sainte
» Marie Madelaine dIviers, Fait et passé par moid. Notaire Royal
» soussigné en presence des Reverends Peres Robert Simon
» prieur curé de Martigny, Jacques Husson prieur curé de Cuirieux,
» Antoine Magniere prieur curé de Harcigny y demeurant, de
» Me Henry Louis Landouzy prestre curé de Mont Saint Jean, et de
» Me Jean Baptiste Noizet prestre curé de Cury y demeurant,
» ensemble des habitans dud. Iviers, témoins requis soussignés
» avec lesd. sieur Jouin et Milon, Lan et jour susd. apres lecture
» faite ».

> Signé : « f. J. Joüin curé dyviers ; f. J. R. Milon
> » prieur curé de Coing ; f. R. Simon prieur curé de
> » Martigny ; f. J. Husson pr curé de Cuirieux ; f. A.
> » Magniere pr curé d'Harcigny ; Noizet curé de
> » Cury ; Landouzy curé de Mont-St-Jean ; Noiron ».

Au bas du procès-verbal se trouve cette mention :

> « Controllé a Aubenton le vingt cinq avril 1742 recu six livres ».

> Signé : « Grimblot ».

Jean Jouin fut prieur d'Iviers pendant près de 42 ans. Il se fit assister, pendant les deux dernières années de son exercice, du vicaire Jean-Nicolas Siméon, de Besmont, et mourut à Iviers le 29 décembre 1783 à l'âge de 75 ans ; il fut inhumé dans le cimetière.

Puis vint François-Christophe Chalonnier, qui sortait de La Ville-au-bois-les-Dizy et fut curé constitutionnel au moment de la Révolution.

Dans le courant de l'année 1790 il prêta le serment prescrit par la Constitution civile du clergé et, le 23 septembre 1792, celui « d'être fidèle à la nation et de maintenir la liberté et l'égalité ou » de mourir en les défendant ».

Après l'établissement du régime de *la Terreur* (31 mai 1793) il cessa l'exercice du culte catholique mais, malgré sa prudence et son attitude pleine de correction, il fut obligé de demander un certificat de civisme qui lui fut accordé ; dans l'indication de son signalement, on remarque ces quelques mots qui auraient pu être compromettants à l'époque : « visage gros et plein, corps replet ».

En 1795, sur les instances réitérées des habitants, principalement des femmes, et après avoir au préalable déclaré qu'il se soumettait aux lois de la République, il reprit le service du culte dans la ci-devant église d'Iviers choisie à cet effet ; sa déclaration est ainsi conçue : « Je reconnais que l'universalité des citoyens fran- » çais est le souverain et je promets soumission et obéissance aux » lois de la République ».

Le Journal ou Bref-Etat de la Mission Laonnoise, composé en 1801-1802, lui consacre ces deux lignes : « M. Chalonnier, prieur- » curé, avait commencé sa pénitence ; la peur la lui a fait aban- » donner. Il continue de faire ses fonctions ». Le même journal ajoute : « Il n'y a pas de catholiques[1] à Yviers, mais à Corgneaux » sept a huit qui vont dans les environs ».

L'abbé Chalonnier remplit les fonctions curiales jusqu'en 1806, époque à laquelle il mourut et fut remplacé par M. Mermel, qui était en même temps curé de Coingt où il demeurait, et auquel succéda, en 1807, M. Bonef qui fut logé dans l'ancien château des seigneurs d'Iviers. A M. Bonef succéda en 1820, M. Vincent Pouthieu, curé de Cuiry-les-Iviers où il habitait. Puis vinrent : en 1829, M. Marest, curé de Mont-Saint-Jean ; en 1831, M. Menu, aussi curé de Mont-Saint-Jean où il avait son domicile ; en 1849,

---

1. Par catholiques, on entendait désigner les personnes s'approchant des sacrements.

M. Richard ; en 1854, M. Gomel ; en 1858, M. Luc. Alexandre Deciry, décédé en exercice le 23 janvier 1880 ; en cette même année 1880, M. Paul Delahaye, et en 1887 M. Henri-Xavier Huet, curé actuel.

Les possessions de l'église Sainte Marie-Madeleine d'Iviers, dont les revenus sont aujourd'hui bien minimes, étaient assez importantes avant la Révolution. Les archives nous disent, en effet, qu'en 1693 elle possédait cinquante et un jallois, soit environ quinze hectares, de terre et prés sur Iviers, Corneaux, Aubenton, Dohis et Cuiry, qui s'étaient encore augmentés par la suite au moyen de diverses donations notamment de celles faites par Catherine Rouzereaux, veuve de Etienne Lefebvre et sœur du prieur, en vertu de ses testaments des 14 octobre et 4 novembre 1748.

Par les décrets des 10 octobre 1789 et 5 janvier 1790, tous ces biens furent déclarés propriété nationale et mis à la disposition de la nation. Ils furent vendus le 10 brumaire an V.

En outre de ce que produisaient les immeubles ci-dessus, le prieur d'Iviers touchait encore les revenus d'une trentaine d'obits.

ÉGLISE PAROISSIALE

La première église paroissiale d'Iviers fut construite par l'abbaye de Cuissy, vers le milieu du XIII° siècle, sous le vocable de Sainte « Marie-Magdelaine ».

Au commencement de l'année 1583, disent MM. Mien et Bercet, un crime fut commis dans cette église : le capitaine Cléry y fut tué par Jean de Caruel, seigneur de Magny, près Montcornet, époux de Louise de Baral. Malgré son titre et son rang, de Caruel fut condamné à mort ; il fut décapité le 11 mai 1583, sur la place du Bourg, à Laon, et sa tête mise au bout d'une lance à la porte Lussault.

Par acte passé devant Froment, notaire à Dohis, le 20 avril 1619, le prieur Raulx de la Chaise fit avec Jean Lahire « escaillon » demeurant à Aubenton, un marché par lequel ce dernier s'engageait à l'entretien, pendant une durée de neuf ans, « du tois et couver-
» ture d'ardoises de lad. église, clocher et les chappelles et piliers
» y joinct » moyennant « trois jallois de bled payables par chascun
» an au jour Sainct martin dhyver ».

Le 18 mars 1629 eut lieu une adjudication du droit de sonner les

cloches ; elle fut prononcée au profit de Jean Tonnelier d'Iviers,
mais l'acte authentique n'en fut régularisé que le lendemain. En
voici la teneur qui contient quelques renseignements intéressants
sur les salaires du sonneur :

« Comparurent en personnes honoré seigneur pierre le picart
» escuier seigneur de Sevigny Iviers et aultres lieux et pierre
» prevot marguilier de leglise Saincte marie magdelaine diviers y
» demeurant dune part et jehan tonellier taillandier demeurant
» aud. Iviers daultre part et recognurent lesd. susnommes prevot
» et tonellier de tolerense dud. sieur de sevigny et suivant la criée
» et adjudicasion faicte du jour dhier au devant de lad. eglise en
» la presence de la plus saine partie des habitans dud. lieu avoir
» faict les traictés que ensuit assavoir que led. tonellier sera tenu
» et poura jouir des cloches quy sont a present a lad. eglise durant
» lespace de trois ans ensuivant lune lautre sans interval a comen-
» cer des a present et finissant en pareille jour lesd. trois ans finy,
» pendant lequel tems sera tenu led. preneur entretenir lesd.
» cloches de cordeau fléaus cuirolles et pendans des batans desd.
» cloches a la charge que led. tonellier en temps et lieu et que
» besoing sera sonnera ou fera sonner lesd. cloches tant pour le
» service de lad. eglise baptesmes mortalites et sera paiés pour
» chascun baptesme dis sols pour chascun fiansaille dis sols et
» chascun service de mort dis sols pour jour et nuits et pour chas-
» cun espousailles ou mariage tel salaire que de raison suivant la
» vacasion¹ et en fin de terme rendre et delaisser lesd. cloches quy
» sont en nombre de trois entretenus comme dit est et cest moien-
» nant huit livres tournois par an que led. tonellier sera tenu
» paier a lad. eglise ou marguilier dicelle au disneuviesme du mois
» de mars premier paiement escheant dhuy en ung an et a conti-
» nuer en pareille jour durant le tems Obligeans scavoir led.
» prevot les revenus et empouilles de lad. eglise a faire jouir led.
» tonellier du contract cy dessus et led. tonellier ses biens a paier
» lad. redebvance satisfaire et accomplir le contract cy dessus
» selon sa forme et tenure sans y deffaillir ».

Au mois de mars 1651 l'église fut pillée par les Espagnols. Elle
n'était alors qu'un monument d'un style tout à fait commun, bâti
en croix latine, avec un plancher de bois ; elle mesurait vingt
mètres de longueur sur huit de largeur au portail. En 1680, elle

---

1. C'est-à-dire : selon l'état, la profession, et, comme conséquence, la position de
fortune.

était en fort mauvais état et, le 24 juin de ladite année, Jean
Marville, maire, et les principaux habitants d'Iviers, réunis au son
de la cloche en lieu public, décidaient « que pour éviter la ruine
» total de leglise Saincte Marie Magdelaine dud. Iviers a raison des
» grandes reparasions quil y convient faire surtout au clocher
» dicelle », il y avait lieu « de vendre quelque portion des biens
» de ladite eglise diviers » et vendaient effectivement un immeuble, moyennant soixante-quinze livres devant servir à faire face à
ces réparations.

Par la suite, l'église subit quelques transformations ; en 1791,
notamment, il y fut construit un bas côté dont les places furent
mises en adjudication le 26 décembre, en même temps que le
raccommodage des bancs de la « chapelle saint Hubert ».

Lorsqu'elle eut été déclarée propriété nationale et qu'en 1793
M. Chalonnier, prieur-curé, eut cessé l'exercice du culte, l'église
devint « le Temple de la Raison ». Les objets qui la garnissaient
n'étaient pas de grande valeur. Les gros meubles furent, en partie,
vendus publiquement le 10 germinal an II (30 mars 1794) et ne
produisirent que cent cinquante-quatre livres cinq sols ; il est juste
de dire que la chaire et le pupitre n'avaient pas trouvé amateur
parce que, dit le procès-verbal, « ce sont des meubles inutiles » ;
à la vérité on n'en trouverait guère l'emploi dans un ménage. Les
bannieres, chappes, surplis, ornements et soutanes furent vendus
le 10 fructidor suivant (27 août 1794) et produisirent deux cent
cinquante-huit livres quinze sols. Dix jours apres, c'est-à-dire le
20 fructidor, eut lieu une troisieme et derniere vente qui produisit
cent quatorze livres dix-sept sols y compris le grand-autel, adjugé
à Pierre-Louis Férat et Jacques Caron moyennant soixante livres,
et « la chaire ci-devant à prêcher », adjugée au maire Jacques
Caron pour trois livres cinq sols avec le consentement de l'administration, attendu qu'elle n'était pas vendue suivant l'estimation ;
cette estimation s'élevait, en effet, à quarante livres.

Peu de temps après, la municipalité décidait de faire une adjudication au rabais pour « mettre bas la croix de la ci-devant église ».
Cette adjudication eut lieu le 14 vendémiaire an III (5 octobre 1794)
et le citoyen Leblanc[1], du mont du Faux, commune de Beaumé,
fut proclamé adjudicataire moyennant cent livres « en payant
» comptant ».

Les vases sacrés, sur l'ordre du conseil permanent du district,

---

1. Les archives disent « Leblanc », mais la signature est « Blanc ».

furent envoyés à Vervins puis convertis en monnaie. Deux des trois cloches furent également transportées à Vervins et servirent à la fabrication des canons et des monnaies de billon ; la troisième est demeurée en place et, depuis lors, une seule cloche existe à l'église d'Iviers[1]. Cette cloche, sur laquelle se trouvait gravée une inscription rappelant que Philbert de Hénin-Liétart, seigneur de Blanchesne, en avait été le parrain, a été refondue en 1852 par M. Courteaux fondeur à Lez Fontaine. Le premier novembre de la même année, la municipalité d'Iviers a pris livraison de la nouvelle cloche qui, déduction faite de la valeur de l'ancienne, a coûté huit cent cinquante-sept francs et existe encore (1896).

L'église n'a pas, comme beaucoup d'autres pendant la Révolution, servi de salpêtrière car, le 8 messidor an II, les maires et officiers municipaux des communes de Coingt, Iviers et Saint-Clément, en présence de Jean-Baptiste Moret, chef d'atelier nommé par l'administration du salpêtre, et après la revue faite par ledit Moret constatant qu'il y avait beaucoup de terre salpêtrée à Saint-Clément, décidaient d'établir en cette dernière localité, dans un bâtiment appartenant aux citoyens Fleury et Lefevre, la salpêtrière de ces trois communes réunies.

En 1794 une école fut établie dans le bas côté nord de l'église et, le 30 vendémiaire an III, la municipalité décidait qu'elle ferait « finir et plaquer l'école primaire se trouvant dans la ci-devant » église » ; ce fut là que, pendant plus d'une année, on enseigna à la jeunesse les éléments de la lecture, l'écriture et le calcul ainsi que les principes de la Constitution et les Droits de l'homme.

Après la reprise de l'exercice du culte catholique, le 5 floréal an III, l'église resta longtemps sans subir aucun changement ; les archives d'Iviers nous disent cependant que des réparations importantes, dont il nous a été impossible d'établir la consistance, y ont été faites en 1828.

Pendant les quelques années qui ont suivi l'exécution de ces travaux, l'église a servi à diverses réunions ; le 18 mai 1834 heure de midi, notamment, la garde nationale d'Iviers y a procédé à l'élection de ses officiers, sous-officiers et caporaux.

En 1867, la toiture a été complètement refaite et les bas côtés

---

1. Une tradition, profondément enracinée dans l'esprit de beaucoup de personnes d'Iviers, dit que deux des anciennes cloches de l'église ont été enlevées, pendant la Révolution, par les habitants de Dohis et placées dans le clocher de ce dernier village où elles existeraient encore. Comme on le voit par ce que nous venons de relater, cette tradition est erronée.

élargis, ce qui donne à l'église, depuis cette époque, l'aspect d'une massive construction de briques presque aussi large que longue et sans aucune valeur architecturale. La seule chose que l'on puisse remarquer c'est que le clocher, au lieu d'être au-dessus du portail comme dans beaucoup d'églises, se trouve à peu près au milieu du bâtiment. La cage de la cloche est carrée ; elle est en bois, couverte en ardoises, avec quatre petits clochetons aux angles ; la flèche, peu élevée, est de forme octogone.

Le pavé de l'église, qui était défectueux, fut remplacé en 1868 par le pavage en carreaux existant actuellement. En la même année la chapelle de Notre-Dame de la Salette, en raison de l'importance que prenait le pèlerinage dont nous parlerons ci-après, reçut quelques embellissements, ainsi que l'intérieur de l'église où il fut construit une voûte légère ne s'étendant alors que du portail au clocher.

En 1884, le plancher se trouvant entre le clocher et le chœur a été transformé en voûte, et le sanctuaire, formant demi-lune, agrandi et raccordé avec le chœur. Enfin, en la même année, il a été érigé un maître-autel en pierres s'étendant du pavé à la voûte du sanctuaire ; c'est maintenant au-dessus de ce maître-autel que se trouve la chapelle de Notre-Dame de la Salette.

L'unique pièce intéressante de l'église est la pierre tombale de M. Pierre Le Proux ancien seigneur d'Iviers. Cette pierre se trouvait autrefois au milieu du transept à l'endroit même où fut enterré M. Le Proux mais, en 1868, lors du recarrelage de l'église, elle fut enlevée et placée à l'entrée et contre le seuil du portail où elle sert de marche Les armes de M. Le Proux y étaient gravées en relief avec, au-dessous, ses nom et titres, le tout dans un double encadrement ; ces armoiries ne sont plus complètes ; elles ont d'abord été lacérées pendant la Révolution puis, avec le temps, se sont en partie effacées. Voici le libellé de l'inscription, que nous avons pu reconstituer :

« Ci git messire Pierre Le Proux conseiller du roi président
» trésorier de France au bureau général des finances à Soissons
» seigneur de Hennepieux et de cette paroisse décédé le 11 may
» 1760 dans la soixante troysième année de son âge priez dieu
» pour le repos de son âme ».

Il est à remarquer que le décès de M. Le Proux est indiqué, sur cette pierre, comme étant du *onze* mai tandis que, sur les registres de la paroisse, il est indiqué comme étant du *douze* mai.

Nous avons parlé plus haut d'un pèlerinage : il s'agit du pèlerinage à Notre-Dame de la Salette dont la neuvaine commence annuellement le 19 septembre. Il fut institué en 1860 par M. Deciry curé, et attira longtemps à Iviers une énorme quantité de pèlerins dont le nombre diminue de plus en plus[1].

A titre de document, nous croyons devoir rapporter ici le contenu de l'appel-programme distribué cette année à l'occasion de ce pèlerinage :

« PAROISSE D'IVIERS
PÈLERINAGE A NOTRE-DAME DE LA SALETTE
DU 19 AU 27 SEPTEMBRE 1896
ET JUBILÉ NATIONAL

Samedi 19 Septembre. — Ouverture du pèlerinage. A 7 h. et à 8 h., messe de communion ; à 9 h. 3/4, grand'messe, sermon sur l'apparition de N.-D. de la Salette.

Dimanche 20 Septembre. — A 8 h., messe de communion ; à 9 h., grand'messe et instruction ; à 2 h. 1/2, vêpres, instruction et salut.

Lundi 21 Septembre. — A 6 h., 7 h. et 8 h., messe de communion ; à 9 h. 3/4, messe solennelle pour les défunts de la paroisse et instruction.

Mardi 22 Septembre. — Pèlerinage des enfants. A 7 h. et à 8 h., messe de communion ; à 9 h. 3/4, grand'messe, instruction, consécration des enfants à N.-D. de la Salette, procession.

Mercredi 23 Septembre. — Pèlerinage des paroisses de Resmont, Beaumé, Dohis et Any. A 7 h. et à 8 h., messe de communion ; à 9 h., grand'messe et instruction ; à 7 h. du soir, salut.

Jeudi 24 Septembre. — Fête de l'adoration perpétuelle ; pèlerinage des paroisses d'Aubenton, Brunehamel, Martigny et Leuze. A 7 h. et à 8 h., messe de communion ; à 9 h. 3/4, messe solennelle avec exposition du Saint-Sacrement ; à 2 h. 1/2, vêpres, procession et salut ; à 7 h. du soir, salut et instruction.

Vendredi 25 Septembre et Samedi 26. — A 7 h., messe de communion ; à 8 h. 3/4, grand'messe et instruction ; à 7 h du soir, salut et instruction.

Dimanche 27 Septembre. — A 8 heures, messe de communion ; à 9 h. 3/4, grand'messe, bénédiction papale et procession ; à

---

1. Plusieurs pèlerinages à Notre-Dame de la Salette existent dans le département de l'Aisne, notamment à Proix, près Guise.

7 h. du soir, salut solennel avec le concours de la musique de
Brunehamel.

La neuvaine sera prêchée par M. S. G. Anselme Tilloy.

Par indult apostolique en date du 22 juin 1892 les pèlerins peuvent gagner l'indulgence plénière, chaque jour du pèlerinage, aux conditions ordinaires de confession et de communion.

Chaque jour du pèlerinage le prédicateur sera à l'église dès 6 h. du matin, pour entendre les confessions.

On pourra gagner à Iviers, l'indulgence du jubilé national à l'occasion du XIV° centenaire de Clovis ».

Le salut de clôture de ce pèlerinage attire ordinairement beaucoup de monde ; on s'y rend, croyons-nous, moins pour prier que pour voir l'illumination, souvent réussie, de l'intérieur de l'église et, surtout, pour entendre l'excellente musique de Brunehamel.

ÉGLISE OU CHAPELLE DE CORNEAUX

Il existe, au hameau de Corneaux, une église ou chapelle placée sous le vocable de Saint Joseph.

Elle fut construite, au moyen des deniers provenant d'une souscription particulière faite entre les habitants du hameau, sur un terrain qui appartenait à M. Jean-François Barbier et Mme Joséphine Faudier son épouse, de Corneaux, et qui fut donné par ces derniers audit hameau en 1869.

Cette construction ne fut pas sans amener quelques tiraillements parmi les habitants, qui n'étaient pas unanimes à la vouloir, mais les difficultés s'aplanirent et l'église fut livrée au culte le 1er août 1869. Elle est desservie par le curé d'Iviers qui y dit la messe tous les dimanches, mais qui marie, baptise et enterre à Iviers.

L'église de Corneaux est un bâtiment de briques, assez élevé et couvert d'ardoises, mesurant environ vingt-cinq mètres de longueur et dix mètres de largeur. Elle n'a pas de bas côtés et ne possède qu'une cloche, de peu de volume.

En même temps que le terrain sur lequel est construit l'église, les époux Barbier avaient donné au hameau de Corneaux un emplacement pour l'établissement d'un cimetière contre cette église ; à cause de la proximité des habitations, l'administration préfectorale n'autorisa pas l'acceptation de cette dernière donation.

CHAPELLES PARTICULIÈRES

Il existe encore sur le territoire d'Iviers deux chapelles particulières, également dédiées à Saint Joseph, l'une au lieudit le Moulin de Corneaux et l'autre au lieudit le Bois des Nuées.

Chapelle du moulin de Corneaux

La chapelle du moulin de Corneaux fut érigée en 1868 par les époux Legros-Regnier, meuniers dudit lieu.

C'est une petite construction en briques, couverte en ardoises, qui mesure environ trois mètres de largeur sur deux de profondeur. Elle est entourée d'arbustes divers et est adossée à la rivière, sur la propriété du moulin, à une vingtaine de mètres du chemin. La porte d'entrée est en fer ouvragé et à jour. L'intérieur contient un autel, diverses statues d'un beau style et d'une certaine valeur, une suspension et un chemin de croix en miniature.

Les habitants de Corneaux s'y rendent processionnellement une fois l'an, le dimanche de la fête du hameau.

L'origine de cette chapelle est assez curieuse pour être relatée : Un certain soir, le meunier et sa femme se promenaient dans les dépendances du moulin quand subitement, d'après leur récit, leur apparut la sainte famille qui disparut aussitôt. Immédiatement, la place de l'apparition fut indiquée par un cercle que fit Mme Legros avec une fourche qu'elle tenait à la main à ce moment ; trois briques furent posées aux endroits où 'es pieds des célestes visiteurs avaient paru fouler le sol et, en souvenir de cette vision, le meunier et sa femme firent édifier la chapelle en ce lieu même.

Chapelle du Bois des Nuées

La chapelle du Bois des Nuées fut construite en 1882 par M. Alliot, alors propriétaire de la ferme, et bénite l'année suivante par M. Delahaye, curé d'Iviers.

Elle se trouve sur le terrain même du corps de ferme du Bois des Nuées, à une dizaine de mètres au sud-est du bâtiment principal. Elle est bâtie en briques et couverte en ardoises ; ses dimensions sont petites, elle n'a guère que deux mètres de largeur et autant de profondeur. L'intérieur contient une pierre en forme d'autel supportant une statue du Saint, de moyenne grandeur ; il n'y existe aucun ornement.

Il paraît que la statue n'a pas toujours joui du repos auquel paraissent d'ordinaire condamnés la plupart des objets de cette nature. Voici, en effet, ce que nous avons entendu raconter à son sujet par plusieurs personnes qui nous ont certifié la chose :

Un jour, un certain M. L...., que nous ne voulons pas désigner autrement bien qu'il soit décédé depuis 1886, avait perdu son couteau. Croyant convaincu, il alla faire une invocation à saint Joseph, le suppliant de le lui faire retrouver. Il est à supposer que le saint ne s'occupa nullement de l'affaire car le couteau resta introuvable. Furieux du peu de succès de ses prières, que fit alors M. L..... ? Il prit le saint, le déposa dans un tonneau à gueule bée dont il ferma l'ouverture et, ainsi arrangé, le mit en pénitence pendant quinze jours dans une cave.....

Malgré nos recherches il ne nous a pas été possible, à notre grand regret, de savoir quel résultat obtint M. L.... de ce moyen assurément peu banal.

CALVAIRE

Iviers possède un calvaire qui fut donné par Madame Peuchrin-Lefèvre en 1882. Il est situé un peu au-dessus et à quelques mètres de la maison de M. Hazard, tailleur d'habits, à gauche du chemin de grande communication numéro 116, section d'Iviers à Brunehamel.

CIMETIÈRE

Le cimetière d'Iviers se trouve autour de l'église, au centre du village. Il est beaucoup trop petit par rapport à la population de la localité, et n'est guère entretenu ; on y enterre sans ordre, chacun choisissant à son gré la place où doit être inhumé son parent ou son ami.

Il n'y existe que quelques pierres tombales dignes de remarque, celle, par exemple, de la famille Bertrand-Chédaille de Corneaux. A droite et à gauche du portail de l'église se trouvent les tombes, exactement semblables, de M. Deciry, ancien curé, et de sa gouvernante Madame Peuchrin.

Le cimetière possède actuellement un cénotaphe élevé, non à la mémoire d'un mort, mais pour une personne encore vivante, Madame Prieur-Gervais demeurant à Laon et originaire d'Iviers. Cette dame a voulu présider elle-même à l'installation de sa dernière demeure ; cela n'est certainement pas commun.

Rappelons qu'anciennement les protestants étaient enterrés dans l'endroit du cimetière se trouvant à l'angle ouest contre la rue, et les étrangers à la commune derrière et à l'est de l'église.

PRESBYTÈRE

Le premier presbytère d'Iviers fut bâti au XIIIe siècle par l'abbaye de Cuissy, propriétaire de la cure. Il était construit au-dessous et au midi de l'église, *dans le Carrefour*, sur l'emplacement occupé aujourd'hui par la maison de M. Chappellart-Maupetit, cultivateur, et communiquait à l'église par une ruelle abrupte transformée par la suite en une rue très praticable.

Au décès du prieur Rouzereaux, en 1742, le presbytère comprenait une salle basse avec cuisine et petit cabinet ; un étage où se trouvait une salle de bibliothèque ; un jardin potager planté de nombreux arbres fruitiers et dans lequel existaient cinq ruches de « mouches à miel ». *(Archives d'Iviers]*.

Les prieurs d'Iviers ont successivement habité ce presbytère et, en 1788, l'un deux, M. Chalonnier, y fit construire à ses frais, une grange à la place de celle qui s'y trouvait précédemment et qu'il avait vendue deux cent cinquante livres.

Lors de la Révolution le presbytère devint propriété nationale et fut mis en location publique, ainsi que ses dépendances, le 14 vendémiaire an III. Le bâtiment composant le presbytère proprement dit fut loué, avec le jardin, au *citoyen* Chalonnier moyennant cent soixante livres par an, et le colombier, au même, moyennant quatre livres dix sols. La grange, divisée en cinq *espaces*, et le bûcher furent loués à diverses personnes moyennant quatre-vingt-dix livres.

Au moment de la clôture du procès-verbal, ledit Chalonnier réclama la grange et les bâtiments y tenant comme étant sa propriété ; c'était une entrave à l'exécution du bail qui ne fut, en effet, pas réalisé car le 23 nivôse an III, par conséquent trois mois après, la municipalité décidait, « pour le bien général de la commune », de tenir ses séances dans « la plus grande place du ci-
» devant presbytère ».

Toutefois, par arrêté du Directoire du département de l'Aisne du 8 ventôse an III, sur l'avis conforme de la municipalité en date du 30 vendémiaire an III et du district de Vervins en date du

15 nivôse an III, le « citoyen Chalonnier, ex-curé de la commune
» d'Iviers », fut autorisé à démolir la grange qu'il avait fait édifier à ses frais, à la charge par lui de rembourser le prix de l'ancienne, laquelle avait été construite par son prédécesseur, et de
clôturer la cour du « ci-devant presbytère ».

Le 10 brumaire an V (2 novembre 1796) le presbytère fut vendu
comme bien national à Etienne-Nicolas Labouret, notaire à Laon,
par les administrateurs du district de Laon délégués à cet effet,
puis, suivant acte reçu par Boulanger notaire à Brunehamel, le
10 fructidor an VII, il fut revendu à Antoine Valtier d'Iviers qui
lui-même le revendit à Pierre Maupetit de Coingt suivant contrat
reçu par Poulet notaire à Besmont, le 18 novembre 1811.

De 1796 à 1806 le curé Chalonnier continua d'habiter l'ancien
presbytère, mais de 1806 à 1851 il n'exista plus de presbytère à Iviers.

A cette dernière époque le curé Richard fut logé en une maison
sise rue de la Blonde, occupée aujourd'hui (1896) par M. Blan-
chard-Duchesne, bûcheron. Très peu de temps après il changea de
logement et vint habiter, en la même rue, la maison occupée
actuellement par M. Leduc, coiffeur.

En 1852 le presbytère fut établi, non loin de l'église, dans une
maison appartenant à M. Hector Barbier de Brunehamel, qui avait
consenti une promesse de vente à la commune. Cette vente ne fut
pas réalisée mais, le 20 janvier 1855, M. Barbier louait à la commune ladite maison « servant en ce moment de presbytère » ; elle
fut habitée par les curés Richard, Gomel et enfin Deciry qui en fit
l'acquisition, pour son compte personnel, le 26 février 1864.

M. Deciry fit démolir les bâtiments et, sur leur emplacement,
construire, vers 1868, une maison beaucoup plus belle et plus
spacieuse où il avait l'intention d'établir une maison d'instruction
sous la direction de religieuses ; le Gouvernement lui refusa l'autorisation nécessaire à cet effet.

Au décès de M. Deciry (1880) cette propriété passa à Madame
Peuchrin. Cette dernière la vendit le 29 décembre 1881, moyennant dix mille francs, à la commune d'Iviers qui, en 1882, en fit
le presbytère actuel pour l'appropriation duquel le ministre de
l'Intérieur et des Cultes alloua un secours de cinq mille francs.

Ce presbytère, construit en briques, couvert en ardoises, avec
rez-de-chaussée et étage, est un bâtiment d'assez belle apparence
placé entre cour et jardin clos de murs. Il n'a pas été habité par
M. Deciry lequel, vers 1864, s'était fait construire de ses deniers
une maison, rue de la Blonde, où il demeura jusqu'à sa mort.

MAIRIE OU MAISON COMMUNE

Antérieurement à 1855, il n'existait pas de mairie à Iviers ; les locaux affectés à cet usage se trouvaient dans une maison sise en la rue de Bas, non loin de la place publique, et appartenant à M. Bleux, instituteur.

Par décret du 13 décembre 1854, la commune d'Iviers fut autorisée à acquérir de M. Pierre-Louis Huet, alors maire, une maison sise en la rue de la Blonde, destinée à servir d'école, de logement à l'instituteur et de salle de mairie. L'acquisition fut régularisée le 27 janvier 1855 et approuvée par le Préfet du département de l'Aisne le 7 février suivant ; elle a eu lieu moyennant deux mille francs ; les frais d'appropriation se sont élevés à six mille francs.

Cette maison, surtout avec les servitudes de passage qui la grevaient et la grèvent encore, ne répondait aucunement à l'usage auquel on la destinait, aussi fut-on obligé, avant de s'en servir, d'élever à grands frais contre la partie acquise de M. Huet, des constructions beaucoup plus spacieuses et mieux aérées où se trouvent encore actuellement les locaux de la mairie et l'école des garçons.

L'immeuble est construit en briques, couvert en ardoises, et divisé en quatre places dont celle du couchant sert d'école ; au-dessus de cette dernière se trouve la salle de la mairie. Les constructions sont loin d'être de première solidité ; depuis plus de dix ans les instituteurs n'ont pas occupé les pièces affectées primitivement à leur logement, ce qui n'a pas peu contribué à la détérioration des bâtiments.

Le jardin est grand, mais il n'y a pas de cour.

ÉCOLES

Avant la Révolution, l'Etat ne s'occupait pas de l'enseignement du peuple par la raison bien simple qu'il croyait inutile, sinon dangereux, de l'instruire. L'Eglise était seule chargée de l'intelligence des masses ; elle donnait simplement les premiers éléments de l'instruction à quelques individus qu'elle employait pour lire et chanter les offices. Le chantre, pour occuper les loisirs que lui laissait sa profession, donnait, chez lui le plus souvent, quelques notions de lecture, d'écriture et de calcul à ceux de ses concitoyens qui le désiraient ; c'est ce qui explique que le chantre ou *clerc laïque* était toujours en même temps *clerc d'école, magister* ou *maître d'école.* Il était sous la dépendance absolue du prieur-curé qui pouvait le révoquer à son gré ; les archives d'Iviers relatent un exemple de ce fait : en 1788, le maître d'école fut, « pour cause de » mauvaise conduite envers sa femme », révoqué de ses fonctions par le prieur Chalonnier. Quelques habitants essayèrent de faire revenir ce dernier sur sa détermination ; plusieurs même, pour le flatter, lui dirent : « Vous n'êtes cependant pas un *boilliau rouge*[1] » ; rien n'y fit et la révocation fut maintenue.

Dans les hameaux, comme Corneaux par exemple, les habitants s'instruisaient mutuellement sans le secours d'aucun maître d'école ; ils se réunissaient chez l'un ou l'autre d'entr'eux et celui qui possédait, ou était présumer posséder la plus grande somme de connaissances était l'instructeur des autres. Il ne lui était cependant pas permis de porter le titre de maître d'école, ni de se faire payer, s'il n'avait été au préalable accepté par le curé ; ainsi, en 1681, Nicolas Diancourt, pour avoir été installé par son père en qualité de « maître d'école de la Cense de Corniaux », fut appelé devant le maire-juge sur la plainte portée par François Ledru loué par le prieur « selon la coutume pour faire seul les fonctions de » maître d'école » en la paroisse d'Iviers, dont Corneaux dépendait ; un jugement rendu le 25 février 1681, fit défense à Diancourt de tenir école et le condamna en outre à six livres de dommages intérêts envers Ledru. .

La Convention, par un décret en date du 30 mai 1793, décida que toute commune dont la population comptait au moins quatre cents habitants, serait tenue d'établir et d'entretenir une école primaire, et que l'instituteur[2] chargé de diriger cette école recevrait « douze cents livres par an », mais ne prélèverait rien sur les élèves. Ce traitement ne fut maintenu que peu de temps et, le 10 décembre 1811, le Conseil municipal d'Iviers fixait à quatre cents francs les appointements du maître d'école Jean-François Dubois qui obtint du recteur de l'Académie d'Amiens, le 5 avril 1813, l'autorisation d'exercer les fonctions d'instituteur primaire à Iviers, à la condition par lui de borner son enseignement « à la

---

1. Dans le nord de la France on se sert quelquefois de l'expression *Boyau rouge* pour indiquer un mauvais sujet et, plus ordinairement, un Belge.

2. C'est la première fois que le mot *instituteur* a été employé officiellement avec le sens que nous lui donnons aujourd'hui, et un décret du 12 décembre 1892 a consacré définitivement cette appellation en décidant que les personnes chargées de l'enseignement dans les écoles primaires porteraient le nom d'*instituteurs*.

» lecture, l'écriture et les premières notions de calcul ». Dubois entra en exercice le 16 mai 1813.

La commune resta pendant bien longtemps avec une seule école sous la direction d'un instituteur ; ce n'est qu'au mois de janvier 1843 que la création d'une école de filles fut décidée et exécutée, et qu'une école mixte fut créée au hameau de Corneaux. Ces trois écoles s'occupent toutes de l'enseignement du premier degré ou enseignement primaire et sont les seules qui existent à Iviers où l'instruction est moyenne.

Originairement, Iviers se trouva compris dans la circonscription de l'académie d'Amiens ; de 1848 à 1850, les écoles de la commune relevèrent de celle de Reims ; elles se trouvèrent dépendre de l'académie de Laon en vertu de la loi du 15 mars 1850, ensuite de celle de Douai et enfin de celle de Lille dont elles relèvent encore actuellement. Elles sont dirigées par des maîtres laïques.

Ecole de garçons

Au moment de la Révolution, et pour satisfaire au décret du 30 mai 1793, l'école fut établie dans l'église devenue propriété nationale.

A partir de 1795 et jusqu'en 1857, cette école occupa divers bâtiments et maisons que la commune prenait en location, quelquefois des instituteurs mêmes ainsi que cela est arrivé avec MM. Dubois et Bleux.

En 1857, l'école de garçons fut installée dans l'immeuble occupé en partie par la mairie, où elle existe encore. Elle est disposée pour recevoir une quarantaine d'élèves, ce qui n'était assurément pas suffisant au début puisque le nombre de ces élèves était de près de soixante ; avec la diminution de la population ce nombre s'est trouvé nécessairement réduit et, aujourd'hui, trente-deux élèves seulement fréquentent l'école.

En 1863, M. Williame, instituteur, y installa une bibliothèque scolaire qui renferme 186 volumes.

Le mobilier scolaire est en assez bon état mais n'est pas complet.

La maison d'école ne possédant pas de cour, les élèves sont obligés, pendant les récréations, de s'amuser et courir sur la route, ce qui n'a pas été sans amener déjà plusieurs accidents.

Ecole de filles

Depuis 1843, année de sa création, jusqu'en 1878, l'école de filles occupa aussi divers immeubles dont la commune n'était que locataire.

Le 4 mai 1878, la commune fit l'acquisition d'une maison sise en la rue d'Aurieux, destinée à servir de logement à l'institutrice, puis fit construire et approprier contre cette maison, qui a coûté six mille francs, une école vaste et bien éclairée, fréquentée actuellement par vingt-neuf élèves.

L'ensemble des constructions ne forme qu'un bâtiment ordinaire en briques, couvert en ardoises, composé de quatre pièces non compris la salle d'école Il n'y existait pas de puits et les institutrices éprouvaient le désagrément d'être obligées d'aller à l'eau chez les voisins mais, en cette année 1896, le Conseil municipal a décidé de faire creuser un puits et d'y adapter une pompe. Ces travaux ont été immédiatement exécutés.

Entre la maison et la rue se trouve la cour ; au midi se trouve le jardin.

Le mobilier scolaire est en bon état mais n'est pas complet.

Ecole mixte de Corneaux

Après la Révolution, lorsque l'instruction commença à se répandre dans les campagnes, les habitants de Corneaux louèrent, à leur corps défendant, des maisons où ils tenaient école. Le 5 avril 1813, Charles-Louis Antoine Launoy obtint du recteur de l'académie d'Amiens, l'autorisation d'exercer les fonctions d'instituteur à Corneaux, sous la même condition que celle imposée à Dubois pour Iviers. Comme ce dernier, Launoy entra en exercice le 16 mai 1813.

Il n'existait cependant pas encore d'école à Corneaux. Sa création date de 1843 ; elle n'a toutefois été placée sous le contrôle de l'administration et n'est devenue, à proprement parler, publique et officielle qu'au mois d'octobre 1868.

De 1843 à 1868, l'école s'est tenue dans la maison habitée actuellement par M. Turpin, lieudit le Franc Bois ; en 1868, elle fut installée dans une vieille maison en terre, qui sert aujourd'hui de remise et se trouve située exactement en face le chemin qui conduit de Corneaux à la route numéro 116 ; elle fut transférée, le 1er mars 1879, dans une autre maison de même construction sise au chemin de Ringeat et démolie depuis ; enfin, en 1881, fut édifiée la maison d'école actuelle pour l'érection de laquelle le Ministre de l'Instruction publique a, le 11 avril de ladite année, alloué à la commune d'Iviers une subvention de quatre mille francs. L'édification de cette bâtisse a occasionné une dépense totale de onze mille cinq cent soixante-seize francs.

La maison d'école de Corneaux est une gracieuse construction en briques, couverte en ardoises. Au levant, faisant face à la place publique, se trouve l'habitation de l'institutrice, autrefois de l'instituteur ; elle comprend un rez-de-chaussée divisé en deux pièces séparées par un couloir, et un étage divisé également en deux pièces au-dessus desquelles existe un grenier. L'école même se trouve au couchant ; elle est spacieuse, bien éclairée et possède deux entrées donnant chacune sur un vestibule. Elle n'est fréquentée que par une dizaine d'élèves au plus.

Le mobilier scolaire est en très bon état.

L'école, qui depuis environ dix ans est dirigée par une institutrice au lieu de l'être comme précédemment par un instituteur, possède une bibliothèque scolaire fondée en 1883, au moyen d'une souscription, par M. Moret, instituteur. Peu après sa fondation, cette bibliothèque se trouva enrichie de plusieurs volumes par suite du don fait au mois de novembre 1883 par M. Lémeret, entrepreneur des travaux de construction de l'école, d'une somme de cent francs destinée à l'acquisition de livres en faveur des bibliothèques d'Iviers et de Corneaux.

Bien que qualifié *communal,* l'instituteur de Corneaux n'était en réalité, de 1843 à 1868, qu'un instituteur privé, payé par les chefs de famille du hameau qui avaient, dès l'origine, souscrit un engagement à cet effet. A partir de 1868, il fut dénommé instituteur-adjoint et, jusqu'en 1883, tout étant nommé par l'administration, il fut encore payé par les habitants ; il reçut ensuite du gouvernement un traitement annuel fixe qui s'élevait au début à huit cents francs.

Nous avons dressé la liste suivante des maîtres d'école, instituteurs et institutrices dont nous avons pu découvrir la trace :

Instituteurs d'Iviers

Thiébault Jean, dit « Lorin », 1609 ; Boulnois Jean, 1649 ; Leduc Jean, 1661 ; Gilson Jean, 1668 ; Ledru François, 1678 ; Chappellart Jacques, 1693 ; Carlier Pierre, 1698 ; Leclerc Pierre, 1701 ; Caron Pierre, 1704 ; Lamy Pierre, 1728 ; Caron Pierre, 1730-1748 ; Caron Jacques-Joseph, 1759-1775 ; Blondeau Arnould, 1775-1788 ; Picart Jean-Baptiste, 1794 ; Hazard Jean-Baptiste, 1794 ; Robin Jean-Baptiste, 1795-1796 ; Dubois Jean-François, maître d'école de 1808 à 1813 et instituteur primaire de 1813 à 1827 ; Bleux Antoine-Louis, 1827-1857 ; Williame Adolphe, 1857-1870 ; Cury Pierre-Nicolas-Alfred, 1870-1873 ; Vallier Louis-Adolphe, 1873-1876 ; Blin, 1876-1878 ; Leroy Gustave, 1878-1881 ; Grégoire Augustin-Armand, 1881-1885 ; Defer Jules, 1885-1895 ; Bourniche Abel-Victor, 1895-1896 ; Laurent Edmond, en exercice depuis le 11 novembre 1896.

Institutrices d'Iviers

Luce Marie-Catherine-Hyacinthe, 1843-1849 ; Caron Marie-Thérèse-Appoline, 1849-1854 ; Cuvillier Louise-Félicie, 1854-1856 ; Devaux Marie-Véronique, 1856-1859 ; Floquet Clara, 1859-1864 ; Foret Eugénie, 1864-1871 ; Lothe Estelle, 1871-1882 ; Prinet, 1882-1885 ; Brazier Adolzie, épouse Defer, 1885-1895 ; Pillois Marie-Suzanne, épouse Bourniche, 1895-1896 ; Caron Virginie, épouse Laurent, en exercice depuis le 11 novembre 1896.

Instituteurs et Institutrices de Corneaux

Launoy Charles-Louis-Antoine, 1813 ; Fétro Jean-Baptiste-Augustin, 1843-1845 ; Durozoy Louis-Joseph, 1845-1849 ; Menu Constant, 1849-1868 ; Point Jules-Emile, 1868-1870 ; Petit Jean-Baptiste-Valère, 1870-1873 ; Leroy Gustave, 1873-1874 ; Thorlet Clément-Omer, 1874-1877 ; Valliet, 1877-1879 ; Gérard, 1879-1880 ; Moret, 1880-1883 ; Gaigne, 1883-1884 ; Alavoine Armand-Zéphir-Ovide 1884-1887 ; demoiselle Buridant 1887-1891 ; Levasseur Anna-Louise, épouse Bellot, 1891-1894 ; Rahut Eugénie, épouse Delarbre, en exercice.

ÉTUDE DE NOTAIRE

Iviers possède une étude de notaire, une *notairerie* selon l'expression usitée dans le pays. Cette étude détient les minutes des actes reçus par les notaires qui ont anciennement exercé à Besmont, Martigny et Leuze.

L'étude de Leuze n'a existé que pendant dix-neuf ans, de 1753 à 1772 ; quant à l'autre, créée en 1650 à Besmont, elle fut transférée à Martigny en 1664, puis à Iviers en 1825.

Voici la liste de tous les notaires dont les minutes reposent en l'étude d'Iviers :

NOMS & PRÉNOMS des TITULAIRES	RÉSIDENCES	DATES	
		de l'entrée en fonctions	de la cessation
TROCHAULT (Antoine).	Besmont	15 juin 1650	30 juin 1664
TROCHAULT (Antoine), le même.	Martigny	1er juillet 1664	27 décemb. 1667
NOIRON (Pierre).	id.	20 octobre 1669	16 juillet 1705
NOIRON (Jean).	id.	23 novemb. 1705	16 novemb. 1752
SÈVE (Claude-Nicolas).	Leuze	15 septemb. 1754	14 juillet 1772
THOUILLE (Adrien).	Martigny	16 juin 1754	21 avril 1776
COCHINART (Pierre).	id.	19 novemb. 1776	4 novemb. 1784
COCHINART (Pierre-Ambroise) père	id.	19 septemb. 1785	27 décemb. 1814
COCHINART (Pierre-Ambroise) fils.	id.	14 février 1815	1er août 1825
RICHARD (Pierre-Célestin).	Iviers	2 août 1825	23 janvier 1832
PRUDHOMME (Etienne-Marie-Joseph)	id.	23 janvier 1832	31 août 1848
DORÉ (Désiré-François-Joseph).	id.	31 août 1848.	15 janvier 1863
DORÉ (Désiré-Léopold-Jules).	id.	15 janvier 1863	7 novemb. 1877
BOULANGER (Gustave-Arthur).	id.	7 novemb. 1877	17 octobre 1890
CARPENTIER (Henry-Fernand).	id.	17 octobre 1890	(en exercice)

D'après cette liste on voit que quatorze notaires seulement, dont deux simultanément, ont exercé depuis près de deux cent cinquante ans, ce qui fait, pour chacun d'eux, une moyenne de dix-neuf ans environ.

M. Trochault prenait le titre de « notaire royal héréditaire aux » bailliages de Vermandois et Vitry en la résidence d'Aubenton » demeurant à Martigny » ; M. Pierre Noiron celui de « notaire » royal garde-notes héréditaire aux bailliages de Vermandois et » Vitry demeurant à Martigny », ou encore « notaire au duché » de Guise résidant à Martigny ».

Pendant la Révolution les notaires furent obligés, pour exercer leurs fonctions, de se munir annuellement de patente et M. Cochinart prenait le titre de « notaire public au département de l'Aisne » résidant à Martigny, muni de patente délivrée par l'administra- » tion municipale du canton d'Aubenton ».

Quelques-uns des anciens tabellions remplissaient d'autres fonctions que celles notariales, et nous avons trouvé que M. Pierre Cochinart était non-seulement notaire mais aussi « arpenteur » royal ».

La valeur des études était relativement peu élevée ; en 1715, un notaire des environs cédait son office moyennant six cents livres.

Rappelons quelques coutumes antérieures à la Révolution et pouvant présenter quelque intérêt pour nos lecteurs.

Les ventes à la criée, ou « à haut umage » comme on les dénommait alors, se faisaient avec l'aide d'agents spéciaux, distincts pour chaque seigneurie, appelés « sergents crieurs et vendeurs ». Cette coutume s'est en partie conservée jusqu'aujourd'hui, et chaque étude de notaire du canton d'Aubenton possède encore un crieur spécial pour les adjudications.

Les ventes à l'amiable avaient lieu moyennant, outre le prix d'achat, « un denier à dieu ordinaire » et une somme à titre « d'épingles » ; l'acquéreur était, en outre, tenu de payer une certaine quantité de litres de vin qui variait selon l'importance de l'acquisition ; l'acte constatait toujours que le vin avait été « bu, » payé et soutenu par l'acquéreur ».

Les contrats de mariage, moins fréquents que de nos jours, contenaient ordinairement, pour les personnes d'Iviers, l'adoption « de la coutume générale du Vermandois, prévôté foraine ou par- » ticulière de Laon ». Cette coutume n'était autre que le régime actuel de la communauté de biens réduite aux acquêts ; elle assurait à la veuve un certain avantage appelé communément « douaire » coutumier ». Les formules des contrats de mariage étaient assez curieuses. Après l'indication de la comparution des futurs, elles contenaient notamment ceci : « Disans les parties que pour parve- » nir au mariage espéré et qui au plaisir de Dieu se fera et solem- » nisera en face de Saincte Eglise sy Elle y consent et accorde » d'Entre led. X..... et lad. Z...... avoir fait et font les traité » accord et conventions matrimonialles en la forme et maniere » qui ensuit Cest asseavoir etc. ». L'orthographe était, bien entendu, celle de l'époque.

On attachait une grande importance à une simple promesse de mariage ; c'est ce qui explique qu'au mois de juin 1757 Pierre B..., employé dans les fermes du roi, requiert Jean G.... de lui donner en mariage sa fille, Marie G....., « laquelle ledit B..... auroit » fiancée vers la fin du mois doctobre dernier ».

Le refus de réaliser le mariage promis pouvait donner lieu à une demande d'indemnité contre celui ou celle qui manquait à sa parole.

Si les choses allaient plus loin, la jurisprudence d'alors admettait qu'il naissait d'une paternité survenue en dehors des liens du mariage, certaines obligations à l'exécution desquelles la justice apportait son concours. Aussi préférait-on, le cas échéant, ne pas attendre les rigueurs de la justice et s'arranger à l'amiable devant notaire ; c'est pour consacrer un arrangement de cette nature que, par acte du 4 avril 1709, Magdelaine D..... « descharge des » maintenant et a toujours Jean Baptiste L..... de tous les inte- » retz civils, reparations, provisions, dommages et interetz frais et » depens et de toutes autres choses generallement quelconques » quelle pourroit pretendre contre luy pour raison de la ... dont » ledit L.... est accusé..... ». Bref, L.... sort indemne, moyen- nant soixante livres, de l'accusation portée contre lui et.... des suites qui devaient en résulter.

Les croyances religieuses se reflétaient dans les testaments, qui débutaient habituellement par une invocation à la divinité. Témoin cet extrait, du même modèle que celui de beaucoup d'actes de dernière volonté rédigés par les notaires de l'époque, du testa- ment, fait en l'année 1683, de Catherine C..... veuve de Thomas P...... : « Laquelle considerant quil ny a rien plus certain que » la mort ny de plus incertain que lheure dicelle Voulant pourvoir » au Salut de son ame et disposer de ses affaires temporelles et » ne voulant mourir intestat a faict dicté et enumeré son testament » et ordonnance de dernière volonte sans suggestion de personne » a moy notaire Royal en presence des tesmoins soussignés au » nom du pere du fils et du St Esprit un seul dieu en trois per- » sonnes selon et ainsy quil ensuit :

» Premierement Comme bonne Chrestienne Catholique Aposto- » lique et Romaine a recommandée son ame a dieu a la bienheu- » reuse Vierge Marie a Ste Catherine sa patronne et a tous les » saincts et sainctes du paradis priant dieu que lorsque son ame » partira de son corps de la vouloir coloquer en son sainct paradis » avec les bienheureux.

» Item veut et ordonne que son corps mort soit enterre au » cimetier de la parroisse de........ ».

Puisque nous parlons d'actes de dernière volonté, citons un acte du 10 juin 1738, le seul de son espèce que nous avons ren- contré ; il concerne deux époux dont l'union semblait être des plus heureuses ; qu'on en juge : « Lesquels ont declarez que se » sentant dans la continuation d'une concorde veritablement con- » jugal et animé dun cœur entier lun pour et envers lautre, ils » ont respectivement fait une mure reflexion sur le don mutuel

» quils se sont passé lun a lautre par acte reçu de moy et mont
» requis de leur representer en minutte...... ». Après avoir pris
communication et lecture de cet acte, le mari et la femme ont
« unanimement dit que leur intention est que la disposition en
» soit suivy ».

Le cadre de notre ouvrage ne nous permet pas de nous étendre
davantage sur le contenu des anciennes minutes notariales qui,
nous devons néanmoins le faire remarquer, renferment beaucoup
de choses très curieuses, souvent intéressantes, quoique quelquefois constatées dans un style d'une excessive crudité, et dont la
divulgation pourrait être parfois instructive.

BIENS COMMUNAUX

Iviers ne possède, comme bien communal proprement dit, que
la propriété dite du *Franc Bois,* sise au hameau de Corneaux.

D'autres biens, provenant d'anciens chemins supprimés, existent
aussi de côté et d'autre ; ils ont été, en partie, plantés de peupliers
par les soins de la municipalité, mais beaucoup de ces terrains
sont aujourd'hui réunis aux propriétés riveraines par simple prise
de possession.

Le Franc Bois, qui dépendait anciennement de la « Cense de
» Corneaux », est situé à l'ouest du hameau et était autrefois la propriété des seigneurs, barons et comtes de Bancigny qui le louèrent
aux habitants de Corneaux, par contrat passé le 15 juin 1519
devant Me Jean Deloistre, procureur fiscal de Bancigny, moyennant une redevance annuelle de quatorze livres quatre sols ; cette
« Cense », qui en 1439 comprenait trente et un muids de terre et
dix fauchées de pré, consistait alors en « trente et un muids de
» terre tant en labeur, riez, savarts, tenure, prés, viviers et
» patures ». Par un autre acte du 14 mai 1600, les habitants de Corneaux ont de nouveau reconnu tenir à « bail à cens » de Jean de
Hornes, seigneur de Bancigny, ladite « Cense de Corgneaux »,
moyennant la redevance annuelle primitivement fixée.

Lors de la Révolution, un décret du 17 juillet 1793 ayant donné
aux hameaux et paroisses la propriété exclusive des biens qu'ils
tenaient à cens des seigneurs, le Franc Bois se trouva appartenir
au hameau de Corneaux. Les habitants y faisaient paitre leurs
vaches et leurs moutons, et y tiraient de la marne et des cailloux
qui s'y trouvaient en abondance. Cet état de choses dura jus-

qu'au moment de la location dont nous allons parler plus loin.

La contenance du Franc Bois était originairement d'environ vingt-trois hectares mais, lors de l'établissement du cadastre de la commune d'Iviers en 1828, le Franc Bois n'y fut porté que pour une contenance totale de sept hectares neuf ares, sous les numéros 890, 891, 892 et 895 de la section A. D'où pouvait provenir cette différence de plus de deux tiers ? Uniquement d'anticipations faites insensiblement par les riverains, si nous en croyons une plainte déposée, en cette même année 1828, par deux habitants de Corneaux — peut-être n'avaient-ils pas eu leur part des empiètements — entre les mains de M. le Sous-préfet de Vervins, pour protester contre ces anticipations dont plusieurs, disaient-ils, étaient déjà fort anciennes. Cette protestation, qui indique que le Franc Bois ne contenait plus que quinze arpents au lieu de quarante-cinq, fut renvoyée au maire d'Iviers avec prière de la soumettre au Conseil municipal, mais le maire, qui à cette époque habitait précisément le hameau de Corneaux, *oublia* de réunir le Conseil pour en délibérer et lorsque *six ans après*, en 1834, un nouveau maire se transporta à Corneaux pour y faire la reconnaissance des *anticipations, les habitants du hameau l'empêchèrent de procéder à sa mission.....*

Voulant quand même essayer de faire restituer au hameau le terrain qui lui avait été soustrait, le maire proposa de louer le Franc Bois. Le Sous-Préfet de Vervins avait admis en principe cette location mais, le 12 janvier 1835, il ordonnait d'en suspendre l'exécution ; cette mesure fut approuvée par le Préfet le 16 du même mois et notifiée au maire d'Iviers le 23 en lui proposant de vendre le Franc Bois pour en affecter le produit à la construction d'une maison d'école, ce qui ne fut pas accepté.

Par une circulaire en date du 9 janvier 1854, le Préfet du département de l'Aisne appela l'attention des maires sur l'utilité de l'affermage des biens communaux qui ne profitaient, disait-il, « qu'aux propriétaires de bestiaux et nullement aux autres habitants et surtout aux indigents » ; le Conseil municipal d'Iviers, par trois délibérations successives, décida l'affermage du Franc Bois qui fut levé, mesuré et arpenté en 1856 par M. Durozoy, géomètre à Coingt, et se trouva contenir sept hectares trente et un ares quatre-vingt-quatre centiares [1].

---

1. Le plan et l'arpentage du Franc Bois et des terrains communaux ont existé dans les Archives d'Iviers où il nous a été impossible de les découvrir. Ont-ils été..... égarés par quelque intéressé ?

La location eut lieu le dimanche 15 mars 1857, en présence de M. Delaby, percepteur, demeurant à Aubenton, en sa qualité de receveur communal d'Iviers. Le Franc Bois fut divisé en vingt-sept lots de diverses contenances qui produisirent un fermage total de six cent vingt-trois francs. Comme charge de ladite location, les locataires furent tenus de défricher et aplanir les portions à eux affermées ; on leur laissa toutefois la faculté d'extraire la marne nécessaire à l'amélioration du terrain. Un chemin nouveau, qui existe encore, fut établi pour servir à l'exploitation. Par suite de sa mise en culture le Franc Bois, inculte, fut complètement transformé ; c'est aujourd'hui une propriété de rapport très bien cultivée.

Nous avons dit, dans un autre chapitre, qu'en 1875, les habitants de Corneaux avaient demandé la séparation du hameau du chef-lieu de la commune ; la même année il fut convenu, à titre de transaction, que cette demande était abandonnée et annulée à la condition que les revenus provenant de la location du Franc Bois seraient exclusivement affectés au service du hameau. La loi du 30 mars 1884 a modifié les droits du hameau mais, sur la pétition de 37 de ses électeurs, un arrêté préfectoral du 31 décembre 1889 a ordonné la création, pour la section de Corneaux, d'une commission syndicale de cinq membres à l'effet de revendiquer contre la commune le profit exclusif des revenus des biens patrimoniaux de ladite section. L'élection de ces cinq membres eut lieu le dimanche 26 janvier 1890 en la maison d'école de Corneaux.

Sans vouloir examiner l'œuvre de cette commission syndicale, qui paraît ne pas avoir parfaitement compris ses droits et ses devoirs, constatons qu'aujourd'hui les revenus du hameau se confondent avec ceux de la commune.

ARBRES HISTORIQUES

Après avoir aboli les privilèges seigneuriaux et autres, nos pères voulurent, par un signe ostensible, perpétuer le souvenir de leur conquête de la Liberté, c'est ainsi que, pendant la Révolution et dans un grand nombre de localités, ils plantèrent des arbres sur les places publiques.

L'un de ces arbres, un orme, fut planté sur la place d'Iviers où il resta jusqu'en 1853. A cette époque il fut abattu sous prétexte qu'il dépérissait........

Il existe sur la place du hameau de Corneaux un autre de ces arbres historiques, communément appelés « arbres de Liberté » ; c'est un peuplier qui fut planté en 1848, sous la deuxième République, et bénit par le curé de l'époque, au milieu d'une grande affluence de population.

HOMMES CÉLÈBRES

Aucune célébrité ne s'est, jusqu'à présent, révélée parmi les personnes nées à Iviers.

QUATRIÈME PARTIE

QUATRIÈME PARTIE

AGRICULTURE, INDUSTRIE, COMMERCE

La Culture en général

Le peu d'épaisseur de la couche de terre arable et l'imperméabilité du sous-sol rendent très difficiles les travaux de culture à Iviers. Les drainages, les défoncements et de bons engrais pourraient, dans une certaine mesure, servir de palliatif aux effets résultant de cet état de choses, mais les frais qu'ils occasionneraient seraient très élevés et font reculer les cultivateurs ; aussi les progrès de l'agriculture, si marquants dans beaucoup de pays fortunés, sont-ils ici presque nuls.

Pour suppléer au manque d'engrais, fourni en majeure partie par le fumier de vache, on laisse les terres en jachère, le sol, tout à fait ingrat, ne produisant pas en quantité suffisante les substances nécessaires au renouvellement de l'humus qui lui a été enlevé par la culture. Chacun sait parfaitement que lorsqu'on laisse la terre se reposer une année c'est une récolte de perdue ; il faut pourtant bien employer ce moyen à défaut d'autre.

L'assolement triennal est généralement en usage dans le pays et comprend : la sole ou *roye* des blés ; la sole ou *roye* des *mars* ou des avoines, etc., et la sole ou *roye* des *versaines* ou des jachères. Le fait par un propriétaire de dire qu'il a *tant de jallois* de terre *à la sole* ou *à la roye,* signifie qu'il possède trois fois la contenance qu'il indique.

Malgré la modification complète de l'outillage agricole depuis de nombreuses années, on retrouve à Iviers beaucoup d'anciens instruments de culture et l'on ne rencontre que quelques outils perfectionnés si communément en usage dans bien des endroits ; un grand nombre de ménagères fabriquent encore le beurre avec les barattes primitives vulgairement appelées « seraines ». Les cultivateurs restent réfractaires à la moindre modification de leurs habitudes traditionnelles, même lorsque l'expérience a démontré l'excellence de cette nouveauté, et c'est avec une lenteur désolante que se propage le progrès.

Les redevances et fermages stipulés pour la location des immeubles sont aujourd'hui ordinairement payables en espèces ; il n'en était pas toujours ainsi anciennement, principalement en ce qui concernait les baux d'une certaine importance ; les paiements étaient effectués au moyen de l'abandon soit de bestiaux, soit de grains, ainsi que nous l'indiquent divers écrits, entr'autres un bail de divers immeubles, passé en 1707 par une personne d'Iviers, moyennant une redevance annuelle de « huit jallois de blé métail » et huit jallois davoine mesure de la Halle de Brunehamel, bon » bled et avoine secq et bien vannez ».

Il se faisait aussi beaucoup de baux d'animaux, dits alors « par » moitié » — aujourd'hui cheptel simple —, très rares à présent dans la contrée. Les seigneurs mêmes ne dédaignaient pas ces sortes de marchés dans lesquels ils trouvaient leur avantage ; Pierre Le Picart, notamment, en a largement usé à Iviers, où il aimait à séjourner. Le 12 avril 1631, outre divers baux « par » moitié » par lui consentis à différents fermiers, nous avons remarqué qu'il a aussi loué pour trois ans, moyennant quatre livres dix sols par an, une vache sous poil noir à Mathelin Mercier « goherlier »[1], demeurant à Iviers, à la charge par ce dernier de « loger, nourrir, héberger, garder et faire garder lad. vache », mais sous la restriction que les veaux et le lait à provenir de la vache, pendant le cours du bail, appartiendraient exclusivement au preneur.

Céréales, Plantes industrielles & oléagineuses

La superficie de terrain employée annuellement à la culture des céréales est, en moyenne, de 320 hectares. Le froment vient en première ligne parmi les plantes cultivées ; puis ensuite l'avoine, les pommes de terre, le seigle, le blé méteil, l'orge et les betteraves fourragères. On ne cultive aucune betterave pour les sucre-

---

1. Bourrelier. Dans certaines localités de la Picardie on dit encore aujourd'hui « gorier ».

ries, dont les plus rapprochées sont distantes de près de vingt kilomètres, ni le sarazin, le lin, le chanvre, le colza, le houblon, le maïs, le millet.

Le chanvre paraît avoir tenu une place assez grande dans la culture du pays ; les actes notariés et autres des dix-septième et dix-huitième siècles font souvent mention de chenevières et de « chanvriers » qui existaient à Iviers. Les produits des chenevières formaient les éléments d'une industrie et d'un commerce d'une certaine importance. Le chanvre était battu ou secoué dans les champs ; les femmes le *filaient*, et les nombreux *tisserands* qui existaient à l'époque en fabriquaient de la toile qui servait en partie à la confection du linge de ménage ; on en fabriquait aussi ce que l'on appelait de la « toille d'estoupe » qui n'était généralement utilisée que par les gens pauvres.

L'industrie chanvrière a complètement disparu d'Iviers, mais on retrouve encore, dans les greniers des habitations des personnes âgées, quelques instruments et outils dont se servaient les *fileuses* et les tisserands, tels que des *rouets*[1], des *devidoirs* et des *signoles*[2]. Nous avons entre les mains une lettre manuscrite se rapportant à cette industrie et envoyée au mois de mai 1634 par le seigneur de Cuiry-les-Iviers à son procureur à Dohis. Bien que ne concernant qu'une commune voisine d'Iviers, nous avons cru intéressant de la mentionner ici à titre de curiosité ; en voici la teneur textuelle :

« Monsieur vous pranderez la penne sil vous plet de vous randre
» demin a Cury pour condaner a lamande tous ceusse quy ont my
» de la chanve a laux seulement de dix sous checun pour les
» aprandre une autre foy de ny en plus maitre et pour ce quy est
» de barbe et catrinne flevet il ne faut pas leser de les y metre
» mais je ne veut pas quil pay rien enfin set seulement pour leur
» fair conetre que sela ne leur est pas permy
» Je vous bais le mins et suis votre serviteur. de Cury ».

Plantes fourragères. Prairies

La culture des plantes fourragères n'est pas importante et l'on ne rencontre que peu de sainfoin, luzerne, hivernache ou *grosse dravière*, vesces ou *petites dravières* et féverolles.

---

1. Petites machines à roues marchant au moyen de pédales et qui servaient à filer.

2. Instruments qui servaient à dévider.

Il n'en est pas de même des prairies naturelles ou pâturages qui deviennent de jour en jour plus considérables et qui atteignent en superficie environ 250 hectares, chiffre qui n'était que de 117 hectares en 1828. Beaucoup de ces prairies sont closes au moyen de poteaux en bois ou en fer supportant trois, quatre et quelquefois cinq rangées de gros fil de fer ; cette clôture porte le nom de *baille*, et l'on dit d'une pâture convenablement close qu'elle est bien *baillée* ou qu'elle possède un bon *baillage*. La propriété du Bois des Nuées, presque totalement occupée par des pâturages, est entièrement *baillée*.

Osier

La culture de l'osier, qu'il s'agisse de l'osier vert ou de l'osier rouge, convient très bien au terroir d'Iviers et prend de plus en plus d'importance ; on peut évaluer à six hectares environ la superficie des oseraies ou *saussoies* qui existent actuellement.

La récolte se fait habituellement dans le courant du mois de mars ; les brins sont alors coupés et dressés dans les ruisseaux, convertis pour la circonstance en *bourbiers,* où ils restent jusqu'au moment de la décortication qui a lieu au mois de mai. Pour *peler osier*, ou *plumer osier* en langage courant, on se sert d'un morceau de bois assez fort que l'on fiche en terre, et qui est fendu à sa partie supérieure ; il suffit de placer le brin d'osier dans la fente, que l'on serre avec la main, puis de le tirer à soi. Un *peleur* habile peut gagner, en moyenne, un franc cinquante centimes par jour.

L'osier, dont l'écorce improprement appelée *éclisse* sert à faire de la litière aux bestiaux, est en grande partie travaillé par les vanniers du pays ; le surplus est vendu au dehors.

La culture de l'osier est assez rémunératrice ; la récolte annuelle est d'environ huit cents kilogrammes à l'hectare et la valeur marchande de 40 à 60 francs les 100 kilos pour l'osier vert, et de 50 à 70 francs pour l'osier rouge ; malheureusement la concurrence étrangère restreint constamment les bénéfices que l'on peut retirer de cette culture.

Arbres fruitiers

Le cidre étant la boisson favorite des habitants d'Iviers, ces derniers s'occupent beaucoup de la culture des arbres à fruits. A la date du 1er décembre 1896 il existait sur le territoire, et plantés un peu partout, environ trois mille pommiers et poiriers —

nous en avons compté 2917 — ; malgré ce nombre d'arbres, les fruits ne sont pas assez abondants pour produire tout le cidre nécessaire aux besoins de la population, la consommation annuelle approchant mille hectolitres en moyenne. Autrefois les communes de Saint-Clément, Cuiry-les-Iviers et Dohis (Aisne), Blanchefosse et Saint-Jean-au-Bois (Ardennes) fournissaient de grandes quantités de pommes à Iviers ; elles en fournissent moins aujourd'hui, tant à cause de l'augmentation des plantations que par suite de la diminution de la population.

Le cidre est fabriqué à Iviers même où il existe de vingt à trente pressoirs dont quelques-uns sont mis, par les propriétaires, à la disposition des habitants moyennant une redevance de un franc par hectolitre fabriqué.

Depuis quelques années, un grand nombre d'habitants ont eu le bon esprit de tirer parti du cidre manqué et des lies qu'auparavant on jetait à la rue. Avec le cidre on fait un vinaigre qui est peut-être un peu moins fort que le vinaigre de vin, mais qui rend cependant de réels services dans les ménages ; avec les lies et le cidre, auxquels on ajoute quelquefois des prunes et des prunelles, on obtient, par la distillation, une excellente eau-de-vie d'un goût très agréable ne ressemblant en rien aux produits frelatés consommés habituellement sous le même nom.

Les principales variétés de pommes et de poires que l'on trouve à Iviers sont, d'après la dénomination communément donnée :

Pommes : *Busset, Buzelin, Court pendu, Doux à côtes, Doux montant, Doux rayé, Doux vert, Ente ou de pepins, Franc croque, Frazette, Gros rouge, Gros vert, Guillaume, Rambout, Reinette blanche, Rougette ou Rouge sucrée.*

Poires : *Carizy, Court la blotte, Croqueux, Fusée, Jeunesse, Kernet ou Crenet, Malerme, Petit roux.*

Apiculture

On ne trouve à Iviers qu'un très petit nombre d'apiculteurs ; un seul d'entr'eux, M. Vincent Menu à Corneaux, s'occupe assez sérieusement de la production et du commerce de miel. Il possède trente-cinq ruches qui produisent annuellement chacune environ trois kilogrammes de miel valant deux francs le kilogramme, et cinq cents grammes de cire d'une valeur de deux francs. Nous ne parlons ici que du produit des ruches en paille, les seules qui jusqu'à ce jour ont été en usage à Iviers, et non des ruches à cadres dont le rendement est bien supérieur puisqu'il atteint, en moyenne, cinq cents grammes de miel par décimètre carré.

M. Laurent, le nouvel instituteur de la commune est, paraît-il, grand amateur d'apiculture ; il possède plusieurs ruches à cadres d'un modèle perfectionné qui lui ont permis de prendre part à différents concours régionaux où il a obtenu des récompenses.

A l'exception de M. Menu, les quelques personnes qui s'occupent d'apiculture se servent, pour leur consommation personnelle, du miel qu'elles recueillent.

MOULINS

Il n'existe actuellement à Iviers qu'un seul moulin faisant de blé farine. Il se trouve, entre Iviers et Corneaux, sur le cours de la Blonde qui le fait mouvoir ; il est garni d'une paire de meules avec potence, bluterie, nettoyage, cylindre et autres accessoires.

Depuis l'année 1895, le *moulin d'Iviers*, ainsi dénommé habituellement, sert de demeure à un herbager et n'attend qu'un meunier pour fonctionner de nouveau.

Les petits moulins rendent encore de grands services dans les pays où, ainsi qu'à Iviers, se trouvent, en nombre assez élevé, les ouvriers moissonneurs ; ces derniers font moudre le grain avec lequel ils sont ordinairement payés, et donnent la farine au boulanger en échange de pain. Pour 100 kilogrammes de farine on recevait anciennement 126 kilogrammes de pain, ce chiffre est actuellement réduit à 125 kilogrammes ; si l'on préfère remettre le grain au boulanger, qui se charge alors de la mouture, on touche 80 kilogrammes de pain, chiffre qui s'élevait naguère à 84 kilogrammes, pour 100 kilogrammes de blé.

Nous avons dit, dans un autre chapitre, que jadis les moulins étaient banaux. Rappelons, en ce qui concerne spécialement Iviers, qu'un jugement rendu par le maire au nom du seigneur du lieu, le 26 février 1732, faisait « défense à toutes personnes de venir chas- » ser, chercher ni quêter le blé à moudre dans l'étendue de la » seigneurie dudit Iviers à peine d'amende et saisie ». Pour ne pas s'être conformé à ce jugement qui tenait lieu de règlement, le meunier de Ringeat, dépendance de Coingt, se vit saisir et confisquer au profit du seigneur, le 8 décembre 1762, deux bêtes usines[1] chargées de son et farine qu'il promenait dans Iviers sans autorisation préalable.

La rivière d'Iviers faisait encore mouvoir le *moulin Rémolu*, dont nous avons mentionné l'existence au cours du présent ouvrage[2], et le *moulin de Corneaux*, autrefois la propriété des seigneurs de Bancigny qui ne le possédaient cependant plus en 1439 et n'avaient conservé que le « cours d'eau ». Le moulin de Corneaux appartenait en 1649 à Bertrand Perrault, chirurgien, demeurant à Corneaux, et à ses frères et sœurs ; le 31 mars de cette année, ils louaient à Jean de Houlle ledit « moulin et usine a » bleds moulant tournant faisant bonne farine avecq les pres » estangs chaussé et chose en dependant », à la charge de payer notamment tous les ans « la somme de soixante sols tournois au » seigneur comte de bansigny pour le cours deaux sans espoir de » diminution de la redebvance ». Depuis la Révolution jusqu'en 1846, ce moulin resta en la possession d'une famille Lefevre et fut acquis, le 31 janvier 1847, par Joseph Legros qui en a été le dernier meunier et l'a fait fonctionner jusqu'en 1879. Il fut incendié le 7 juillet 1892.

Nous avons dit que la rivière des Goujons a eu aussi son moulin. Celui-ci se trouvait à environ deux cents mètres à l'est de la propriété du *Bois des Nuées* ; la *conformation du terrain* en cet endroit ne laisse aucun doute à cet égard ; on remarque encore les traces de l'emplacement des biefs et, en 1896, on y a découvert quelques débris en provenant. Il nous a été impossible de fixer l'époque à laquelle ce moulin, connu sous le nom de *moulin Goujon*, a disparu ; il paraissait exister encore en 1663 puisque, dans un acte d'échange du 28 décembre de ladite année, nous trouvons que l'un des immeubles échangés est situé à Aurieux, lieudit la fontaine Thiébaux, et tient d'une lisière « au chemin qui » conduit dudit Aurieux au moullin Goujon ».

Outre les moulins à eau dont nous venons de parler, il existait encore à Iviers, une tour à moulin construite en briques, appelée le *moulin à vent*, qui se trouvait près le chemin vert, au sud-ouest et non loin de la place publique. Cette tour, dont la construction remontait à plusieurs siècles, était garnie de six voiles et possédait

---

1. C'était presque toujours avec des mulets que les « chasse-manées » allaient chez l'habitant chercher le grain et reporter la farine.

2. Tout ce qui restait des digues faisant partie du bief du moulin Rémolu, a été détruit et enlevé vers l'année 1855. L'immeuble sur lequel se trouvaient ces digues, appartient aujourd'hui à M. J.-B. Day.

une porte et deux fenêtres au midi, et une fenêtre à chacun des autres points cardinaux ; elle a été démolie en 1852 par M. Maupetit qui en était alors propriétaire.

La « tour Rémolu », dont nous avons déjà parlé, n'était très certainement aussi qu'un moulin à vent dépendant du Rémolu. Elle était située sur la petite colline qui se trouve à gauche de la Blonde, presqu'en face les premieres maisons du hameau de Corneaux.

Mentionnons également pour ordre le *moulin à vent de Corneaux*. Ce moulin, qui se trouvait au midi et à proximité du moulin à eau, mais sur le terroir de Dohis, lieudit le grand chemin ou le fief Rollin, avait été construit en 1833, par Henri Lefevre, meunier ; il a été démoli par l'ouragan du 17 jui let 1865.

Nous avons dressé la liste suivante des meuniers d'Iviers, Corneaux et moulin Goujon, locataires ou propriétaires, dont nous avons trouvé mention dans les pièces que nous avons consultées :

Iviers. 1610, Pierre Wallery ; 1618, Abraham Dantry ; 1619, Martin Jubart, en même temps meunier de Corneaux ; 1622, Pierre Charlier ; 1623, Jean Lejeune « ci-devant meunier du moulin » Robinet paroisse de Jeantes » ; 1626, Pierre Charlier, le même qui l'avait été en 1622 ; 1649, Remy Bouchart ; 1665, Pierre Nicolle ; 1666, Jean Joly ; 1671, Jean Carlier ; 1681, Jean Charlier ; 1699, Jean Lejeune ; 1704, Jean François, au préjudice duquel un vol d'ustensiles de meunerie a été commis dans la nuit du 17 au 18 juillet 1704 ; 1724, François Lafierce ; 1729, Louis Denaux ; 1733, Jean Duquesnoy ; 1734, Claude-César de Sémery ; 1747, Jean Foulon ; 1753, Philippe Boissolle ; 1773, Antoine Trochain ; 1786, Charles Herbert ; 1788, Louis de Rocquigny ; 1804, Léopold Raux ; 1813, Charles Dehaye ; 1828, Alexandre Dermoncourt ; 1835, Isidore Maupetit ; 1845, Denis Legros ; 1852, Jean-Baptiste Legros ; 1867, Bénoni Prudhomme ; 1883, Charles Glatigny ; 1886, Gantier ; 1892, Henri Fagot.

Corneaux. 1617, Martin Jubart, qui était en même temps meunier d'Iviers en 1619 ; 1623, Pierre Charlier ; 1647, Adrien Bouchart ; 1668, Nicolas Bouchart ; 1640, Jean de Houlle ; 1650, Adrien Vuaflart ; 1691, Remy Bouchart ; 1754, Jean Cantrelle ; 1796, Henri-Louis Lefevre ; 1808, Jean-Baptiste Lefevre ; 1832, Jean-Baptiste-Henri Lefevre ; 1847-1879, Joseph-Félix Legros .

Moulin Goujon. 1609, Etienne Goujon ; 1660, Nicolas Goujon.

Produits céramiques. Briques. Sable. Cailloux.

L'argile bleue, que l'on trouve en quantité à Iviers, a donné naissance à quelques fabriques de produits céramiques dont une seule existe encore. L'une d'elles se trouvait en la rue de la vieille poterie ; elle était exploitée par M. Jacques François et fut abandonnée à la mort de ce dernier. Une autre était exploitée au lieudit le chemin du bois, prés l'ancien chemin du moulin Goujon, par M. Nicolas François qui, depuis l'année 1887, a transporté son industrie au chemin de Cuiry. Le fabricant de produits céramiques s'appelle *potier* dans le langage local.

Plusieurs briqueteries étaient autrefois exploitées à Iviers où toutes les briques étaient cuites au bois, ce qui leur donnait une trés grande dureté. On ne rencontre, à l'heure actuelle, qu'une seule briqueterie qui est située à Corneaux et où la cuisson se fait à la houille. Les briques se vendent de dix-sept à vingt francs le mille.

Quelques sablières se remarquent à Iviers. Le sable que l'on en tire est ordinairement rougeâtre et de qualité médiocre pour le mortier ; cependant, depuis quelque temps, certains filons ont été découverts qui donnent de tres beau sable blanc que l'on vend cinq francs le mètre cube.

Les cailloux étant répandus à profusion sur toute l'étendue du territoire, quelques personnes les ramassent pour le s rvice de la voirie qui les achete au prix moyen de deux francs vingt-cinq centimes le mètre cube.

INDUSTRIES DIVERSES

Aucune industrie importante n'existe à Iviers où l'on trouve cependant, en assez grand nombre, les cordonniers, sabotiers, vanniers, bûcherons, scieurs de long, et aussi quelques tourneurs en bois.

Le chiffre des cordonniers, compris les *piqueuses* et *apprentis*, s'élève à quarante-quatre, ce qui est relativement minime quand l'on pense qu'il y a quinze ans, ce nombre s'élevait à pres de cent ; c'est qu'à cette époque il existait à Iviers une manufacture de chaussures qui, ainsi que nous l'avons dit, fut déclarée en faillite, en 1889. Depuis lors, les cordonniers travaillent pour des maisons de Saint-Michel, Reims et autres lieux, mais il est certain que cela ne vaut pas, sous aucun rapport, la manufacture dans le pays même ; les salaires sont diminués et un ouvrier d'élite, pouvant faire par semaine un minimun de douze paires de souliers qui lui rapportaient dix-huit francs, gagne aujourd'hui de douze à quinze francs, encore est-il quelquefois sans travail. La cordonnerie parait s'être implantée à Iviers depuis plusieurs siècles, et les premiers cordonniers dont nous pouvons indiquer les noms existaient en 1610 ; ce sont : Nicolas Menu à Iviers et Pierre Vuaflart à Corneaux. Le 14 novembre 1734, un maître cordonnier s'engage, envers un jeune garçon qu'il prend en apprentissage pour un an, à « luy montrer et enseigner sondit métier de cordonnier autant » quil luy sera possible et outre ce luy fournir le bouillon pour » tremper sa souppe avec quelque petitte douceur, feu, lit, gitte » et luminere et le traitter doucement et humainement comme il » appartient ».

Les sabotiers, qui comprennent des *ébaucheurs, creuseurs, polisseurs* et *fleuristes*, sont au nombre de quarante-sept dont le salaire journalier peut être de un franc cinquante centimes à deux francs en moyenne. Les sabots, qui sont quelquefois enjolivés avec assez d'art, sont livrés un peu partout et principalement aux marchands en gros de Montcornet. Comme les cordonniers, les sabotiers paraissent exister à Iviers depuis très longtemps.

Les vanniers sont moins nombreux que les cordonniers et sabotiers puisque l'on n'en rencontre que dix-sept ; ils travaillent pour le compte des marchands d'Origny-en-Thiérache et font, en général, le panier carré ou panier de cuisine. Deux bons ouvriers peuvent, journellement, faire ensemble trois paniers pour lesquels ils reçoivent un salaire qui varie entre un franc quatre-vingt-cinq centimes et trois francs soixante-quinze centimes selon la grandeur du modele, soit une moyenne de deux francs quatre-vingts centimes ou un franc quarante centimes par ouvrier, sur quoi ce dernier est obligé de prélever le prix des matières premières. Les diverses grèves qui ont éclaté parmi les ouvriers vanniers de la région n'ont jamais eu de répercussion sérieuse à Iviers où les ouvriers sont toujours restés calmes. Nos recherches nous ont fait découvrir qu'en 1742 Nicolas Richet était « faiseur de vand » ou « vandellier » à Iviers.

Les bûcherons ou boquillons sont au nombre de dix-huit et les scieurs de long au nombre de douze.

D'après ce qui précède on peut voir que la situation des ouvriers d'Iviers est, en général, assez médiocre et digne d'intérêt.

DÉBITS DE BOISSONS

Il existe actuellement à Iviers neuf débits de boissons dont nous allons donner l'indication avec leur emplacement et le titre des enseignes :

MM. Sinet, Grand'Place : *Estaminet de la Place.*

Philippot, rue de la Blonde : *Au cheval rouge ;* ci-devant : *A l'arbre vert.*

Demarly, rue de l'Eglise : *Au rendez-vous des bûcherons.*

Maillard, rue de l'Eglise . *Aux amis réunis.*

Veuve Rabatté, rue d'Aurieux : *A l'étoile d'or.*

Veuve Abraham, rue d'Aurieux : *A la réunion des bons garçons.*

Crampont, rue d'Aurieux : *A la poire d'or.*

Pilloy, rue de la Croix : *A la croix blanche.*

Veuve Lefèvre, Place de Corneaux : *A la belle vue.*

ANCIENNES PROFESSIONS ET INDUSTRIES

Nous croyons utile, ou tout au moins intéressant, de relater ici quelques professions et industries que l'on rencontrait anciennement à Iviers, ainsi que les noms des personnes qui les exerçaient, professions et industries qui n'existent plus aujourd'hui dans la commune :

1611. Nicolas Fleury, « charlier de son mestier »[1] ;
1612. Mathieu Chappellart, marchand boucher :
1613. Jean Adus, cordier ;
1619. Jean Mussart, « hostellain »[2] ;
1621. Pierre Mussart, « brasseur de bière » ;
1630. Gerard Foulon, « fasonnier de couvertures a lict » :
1649. Bertrand Perrault, chirurgien ;
1651. Paul Priolet, « thellier » ;
1652. Pierre Fossier, louvetier ;
1668. Thomas Diancourt, gantier ;
1668. François Lombart, marchand brasseur :
1682. Laurent Marville, maître armurier ;

---

1. Charron.
2. Hôtelier.

1682. Claude Dumi, tisserand ;
1697. Jean Lorriette, « cossonnier » :
1725. Jean Richart, cloutier ;
1726. Jean Gervais, marchand cloutier :
1726. Antoine Bourgeois, charbonnier :
1776. Pierre Louis, chirurgien ;
1796. Louis Louis, officier de santé et chirurgien jure.

DÉBOUCHÉS. HALLE. FOIRES & MARCHÉS

Les produits de l'industrie iviéroise, — souliers, sabots, paniers, — s'écoulent, ainsi que nous l'avons vu, par Saint-Michel, Reims, Montcornet, Origny-en-Thiérache ; quant au commerce d'Iviers, de minime importance et ne comprenant que des objets d'alimentation, il trouve ses débouchés aux foires et marchés de Plomion, Montcornet, Hirson et, principalement, de Brunehamel.

Dans cette dernière localité, peu éloignée d'Iviers, se fait un marché ordinaire le vendredi de chaque semaine ; de plus, dix foires s'y tiennent les 4 février, 27 mars, 11 mai, 25 août, 4 octobre, 8 novembre, 7 décembre, premier vendredi de janvier, premier vendredi de mars, dernier vendredi de juin de chaque année. La foire de juin jouit d'une certaine vogue, mais la plus importante est, sans contredit, celle du 7 décembre dite de Saint-Nicolas qui attire, quel que soit le temps, un nombre considérable d'habitants des environs et surtout d'Iviers où, le soir, il y a bal.

Nous avons trouvé mention, dans les archives d'Iviers, d'un *marché aux filles* qui aurait existé autrefois à Brunehamel. Voici, à notre avis, de quoi il s'agissait : Depuis les temps les plus reculés jusqu'en 1860, il se tenait à Brunehamel, tous les vendredis, un marché, dit *marché aux fils*, où se réunissaient les nombreux producteurs et marchands de toiles et de fils de chanvre et de lin existant alors dans la contrée. Toutes les *fileuses* y portaient elles-mêmes le produit de leur travail et, par suite de ces réunions continuelles de femmes et filles, on avait pris l'habitude de désigner ce marché sous le nom de *marché aux filles*.

Jadis il existait à Iviers une halle où avaient lieu les « étalages » le jour de la Saint-Martin et où se tenaient des foires et marchés.

Si nous ne pouvons indiquer d'une façon positive l'emplacement de cette halle, les écrits que nous avons vus ne nous ayant pas donné de renseignements précis à ce sujet, nous pouvons

cependant émettre quelques probabilités. En effet, un acte de
vente du 26 février 1645 nous dit que la maison faisant l'objet de
la vente est situé « proche la halle » et tient « d'un bout au cime-
» tière, d'autre en rue » ; un autre acte du 7 janvier 1669 contient
le partage d'une maison à Iviers « proche la halle tenant d'une
» lizière a une ruelle qui conduit a léglise dautre aux vefve et
» héritiers Antoine Tonnelier dun bout en rue dautre a Pierre
» Thiébault ». L'ancien presbytère faisant l'angle ouest de la
ruelle conduisant à l'église, la première des maisons dont nous
venons de parler était au couchant de ce presbytère puisque,
comme lui, elle tenait d'un bout au cimetière, et la seconde au
levant et à l'autre angle de ladite ruelle de l'église. Parconséquent
il est certain que la halle se trouvait dans l'ancien « carrefour ».
et très probablement au nord de la rivière, sur le terrain vague
faisant partie de la place publique actuelle, en face la maison de
M. Sinet, débitant. Elle mesurait soixante-quatre pieds (21 mètres)
de longueur, quarante (13 mètres) de largeur et autant de hauteur. Le 2 octobre 1671 elle était « en ruines et à jour de toutes
» parts » ; elle existait cependant encore en 1676. car le 12 mai
de cette année, Pierre Charpentier « tenant hostellerie » à Iviers,
appelé en témoignage devant le maire-juge, déclare qu'il était
« à la halle dudit Iviers » ; un autre témoin dépose qu'il se trouvait « avec plusieurs bourgeois au devant de la halle » ; enfin, un
troisième dit qu'il était « auprès de la halle ».

A quelle époque la halle d'Iviers a-t-elle été démolie ? Il ne nous
a pas été possible de le découvrir. Toutefois un bail, fait en 1707,
de divers immeubles sur Iviers, nous porte à croire qu'elle n'existait plus à cette époque puisque la redevance était fixée à une
certaine quantité de grains « mesure de la halle de Brunehamel ».
D'un autre coté, une vente du 3 septembre 1707, que nous avons
déjà mentionnée, constate que la maison vendue est située « dans
» le carrefour » et tient « dune lizière au presbitaire, dun bout
» audit carrefour, dautre au cimetierre ». Si la halle d'Iviers eut
encore été existante alors, il est fort probable que l'on n'aurait pas
choisi la mesure de Brunehamel mais celle d'Iviers, et que la
maison ci-dessus, au lieu d'être indiquée comme étant « dans le
» carrefour », l'aurait été comme étant « proche la halle » puisque
des maisons situées à droite et à gauche de cet immeuble avaient
été indiquées ainsi trente ans auparavant.

Plusieurs foires se tenaient à Iviers ; nous en voyons une
preuve, au moins pour l'une d'elles, dans la relation faite aux

archives de la justice seigneuriale d'Iviers, d'un interrogatoire subi devant le maire-juge, le 11 mars 1687, par Pierre Renier, charpentier et meunier à Morgny, et Jacques Boissolle, charpentier à Dohis, au sujet d'une querelle qu'ils avaient eue ensemble dans la rue, le 25 février 1687 « jour de foire à Iviers ».

Il se faisait également des marchés à Iviers, et le 28 avril 1710 le maire-juge rendait une ordonnance autorisant une vente d'effets mobiliers qui devait avoir lieu le dimanche suivant à l'issue de la messe, laquelle vente, dit l'ordonnance, « sera publiée à la dili-
» gence du suppliant, au plus prochain *marché* et à la porte de
» l'église dudit Iviers ».

Nous avons l'espoir d'intéresser nos lecteurs en donnant ci-après les prix, que nous avons trouvés dans diverses ventes faites de 1680 à 1694, de chevaux, bestiaux, volailles, denrées d'un usage journalier, grains et récoltes de l'époque :

Cheval de monture : trois cents livres. Autres chevaux : de vingt à cent quinze livres la pièce. Taureaux : de vingt à vingt-cinq livres. Bœufs : de dix-huit à trente et une livres. Vaches : de quinze à trente-trois livres. Veaux : de deux à quatre livres. Moutons : de trois livres deux sols à quatre livres. Porcs : de une à treize livres. Poules et poulets d'Inde : de neuf à onze sols. Poules et coqs : de dix à treize sols la paire. Poulets : sept sols six deniers la paire. Oies : sept sols la pièce.

Beurre : neuf sols six deniers la livre. Œufs : un sol dix deniers la douzaine. Jambonneaux : douze sols les deux. Lard : quatre sols la livre. Bière : cinq sols le pot. Vin : trois sols la chopine.

Blé : de quatre livres dix sols à neuf livres deux sols le jalloi. Avoine : de une à deux livres le jalloi. Seigle : même prix que l'avoine. Epeautre : trois livres dix sols le jalloi. Orge : cinq livres douze sols le jalloi. Dravières : vingt-huit sols le jalloi. Bisailles *(pois)* en cosses : six livres quatre sols le cent de bottes. Foin : cinquante-deux sols les mille livres. Chanvre en gerbes : neuf sols six deniers les dix gerbes.

FAITS DIVERS

Les archives d'Iviers relatent les faits divers suivants, consignés sur les registres par les prieurs :

« Le septième jour du mois de janvier mil six cens quatre vingt
» et trois fut retrouvez le corps d'Antoine hotte habitan d'Yviers

« et marguillier de léglise dud. lieu sur les eaux du Neufchâtel
» dans lesquelles il avoit été noyez six sepmaines auparavant
» scavoir le jeudi devant la fete de Saint André et fut inhumez
» dans le cimetiere du village de Meneville proche ledit neufchâtel
» de quoi jai bien voulu faire memoire dans ce present registre
» icelui ayant vecu en fort homme de bien et etant regretté dun
» chacun. Fait cejourdhui quinzième dudit mois janvier ».

17 janvier 1685. Décès de Françoise Paris, fille de feu Jean
Paris, manouvrier..... « Il faut remarquer que cette pauvre fille
» mourut aagée de seize ans ou environ, belle, grande, mais sans
» avoir eue aucune connaissance, sans jamais avoir parlez ni
» marché sa mère ayant regardez des mandiants se veautrans
» dans les boues dans le tems de la conception ».

6 septembre 1707. Décès de Marie Grégoire, « nayant recut au-
» cun sacrement, Monsieur le prieur estant en conferance a
» Cury ».

DICTONS

Avant de terminer cette étude, citons quelques dictons spéciaux
au village ou à la contrée :

1. Les gens d'Iviers n'sont pas méchants
   S'i n'sont pas beaux i'sont plaisants.

2. Tant durent les flans
   Tant dure la fête.

3. Vent de Dohis
   Vent de pluie.

4. J'ai un rhume d'avril
   J'en tiens pour la vie.

5. Vingt sous de chagrin
   Ne payent pas dix sous d'dettes.

6. S'il fait beau les marieux
   N'auront pas d'enfants morveux.

S'il fait beau le jour d'un mariage les enfants qui naîtront de ce
mariage seront sains et forts.

7. J'bats atout
   Qui n'a qu'un atout fait l'fou.

Se dit en jouant aux cartes.

8. Il n'a ni tachon ni buiron.

Se dit de quelqu'un qui ne possède absolument rien.

9. Vous êtes un Français.

Vous savez reconnaître un service rendu ; ou encore : vous êtes un homme franc ou sachant plaisanter.

10. On ne voit pas chevaux et gens
Ruer en même temps.

On ne voit pas, dans une même année, abondance de céréales et de fruits ; si la récolte des céréales est bonne la récolte des fruits sera médiocre et réciproquement.

11. Comme je l'fais je l'mets.

Ce dicton a pris naissance chez une couturière et indique que l'on est sans aucune ambition sous le rapport de l'habillement. Il est passé d'Iviers dans les communes voisines, où l'on dit :

J'suis comme les gens d'Iviers
Comme je l'fais je l'mets.

FAMILLES D'IVIERS

Liste, par ordre alphabétique, des familles qui existaient à Iviers lors du recensement du 29 mars 1896[1] :

Abraham ;

Barbier, Bernard, Bertrand, Bieniait, Blanchard, Blanche, Blin, Blond, Bouchard (1649), Boudéreaux, Bourgeois, Bourniche, Brice ;

Carpentier, Chappellart (1612), Charlier (1622), Codos, Colas, Colasse, Crampont ;

Daras, Day, Debray, Decrouy, Delarbre, Delattre, Demarly, Demolon, Dervin, Dessry, Dez, Dhur, Diancourt, Drux (1675), Dubois (1676), Duchêne, Duterque, Duverger ;

Favier, Fleury, Floquet, Fossier (1652), François, Fressancourt ;

Georgel, Gervais, Gilquin, Gosset, Goulard, Guerbet (1615), Guillaume ;

Harboux, Hazard, Hély, Hoquet, Hotte (1672), Houssiaux, Huet (1690) ;

---

1. La date mise à la suite de certains noms indique l'année dans laquelle nous avons trouvé mention de ces noms pour la première fois ; elle n'est relatée que pour les familles existant à Iviers depuis plus de deux cents ans.

Jacquet, Jénot, Justine ;

Lacroix (1669), Ladeuille, Lamy (1671), Laplace, Laurent, Lavoine, Leduc, Lefèvre, Legrand (1616), Legros, Lerouge, Leroux, Loiseau, Looth, Lostonne ;

Maillard, Marloi, Marville (1675), Masse, Maupetit, Mennesson, Menu (1610), Meurice, Michel, Miquet, Montfront :

Neuf, Nicolas ;

Obry ;

Peccavet, Pécheux, Perrin, Petit, Philippot, Picart, Pilloy, Point, Poncelet, Prinet ;

Rabatté, Ramage, Richet, Rollin.

Salmon, Schemberg, Schmidlin, Sénéchal, Sinet ;

Thiébault (1663), Thorlet, Tonnelier (1632), Trochain, Turpin ;

Valtier, Varlet (1679), Verrier :

Wafflart (1610).

COMPLÉMENT

(1896-1900)

COMMUNICATIONS

En 1898, le chemin de grande communication numéro 116 a été classé sous le numéro 29.

On parle sérieusement de l'établissement d'un chemin de fer d'intérêt local de Vervins à Liart, par Iviers.

SITUATION ADMINISTRATIVE

Depuis le 1ᵉʳ juillet 1898, la perception de Jeantes est supprimée : Iviers est rattaché à la perception de Plomion. Par une délibération en date du 17 août 1898, le Conseil Municipal d'Iviers, sur la proposition de M. Carpentier, a demandé que la commune soit rattachée à la perception de Brunehamel ou à celle d'Aubenton, dont les centres sont moins éloignés que Plomion. Aucune suite n'a, jusqu'à présent, été donnée à cette demande.

ÉTANGS & ABREUVOIRS

Le 18 juin 1900, sur l'ordre du maire, l'abreuvoir qui existait sur le chemin de Martigny a été comblé avec de la terre : de ce fait, le quartier se trouve totalement privé d'eau.

LA CURE ET LES PRIEURS ET CURÉS

M. Huet est décédé à Iviers le 12 novembre 1899 et a été remplacé par M. Trichot.

ÉGLISE PAROISSIALE

En 1898, le pèlerinage habituel à N.-D. de la Salette n'a pas eu lieu pour, a-t-on dit, punir les habitants d'Iviers de ce que le Conseil Municipal avait — à la suite d'incidents locaux — supprimé le supplément de traitement accordé annuellement au curé de la commune.

ÉGLISE DE CORNEAUX

Un orage d'une extrême violence a éclaté sur Iviers le 2 juin 1897. La foudre est tombée en plusieurs endroits, notamment sur le clocher de l'église de Corneaux où elle a occasionné d'importants dégats ; les réparations ont été terminées le 14 juillet suivant, et la boule métallique qui surmontait la flèche, remplacée par le coq existant actuellement.

ÉCOLES

Instituteurs d'Iviers

Dollé Eugène 1898-1900 ; Lagrange Emile, en exercice depuis le 1er octobre 1900.

Institutrices d'Iviers

Alboucq Berthe, épouse Dollé, 1898-1900 ; Sauvage Léa, épouse Lagrange, en exercice depuis le 1er octobre 1900.

Institutrices de Corneaux

Madame Jésus, en exercice depuis le 1er octobre 1900.

N'omettons pas de rappeler qu'une cloche a été mise à l'école de filles d'Iviers au mois d'août 1900.

ANCIENNES PROFESSIONS

Aux anciennes professions dont nous avons donné la nomenclature, nous croyons intéressant d'ajouter celle de *taupier*, mentionnée dans divers actes, sans indication toutefois de noms de personnes ayant exercé ce métier. Le taupier était chargé de

détruire les taupes sur tout le territoire de la commune ; il était
payé par les propriétaires ruraux au prorata des contenances de
leurs propriétés.

FAITS DIVERS

Parmi les faits divers de notre époque, nous devons signaler
celui ci-après qui sort, pensons-nous, de l'ordinaire.

Pendant deux mois entiers — janvier et février 1900 — des
malandrins ont pu terroriser Iviers en jetant des pierres dans les
fenêtres et les portes des habitations, cassant un nombre incalcu-
lable de vitres et exposant les habitants paisibles à toutes sortes de
dangers. Ces brisements, souvent précédés de menaces écrites,
furent quelquefois accompagnés ou suivis de vol, de pillage et
même d'incendie, sans que l'on ait mis la main sur les malfaiteurs
qui sont, par suite, restés impunis.

INDICATION

DES

PIÈCES, LIVRES & DOCUMENTS CONSULTÉS

Archives communales d'Iviers.

Archives communales d'Any (Aisne).

Archives communales de Résigny (Aisne).

Archives de l'Aisne.

Bercet, *Notices sur les communes du canton d'Aubenton.*

Bulletin de la Société archéologique de Vervins.

Combier, *Cahiers du Tiers-Etat du bailliage de Laon.*

Martin, *Essai historique sur le canton de Rozoy-sur-Serre.*

Melleville, *Dictionnaire historique du département de l'Aisne.*

Michaux, *Histoire d'Origny-en-Thiérache.*

Minutes notariales des études d'Iviers, Besmont, Brunehamel, Dohis, Leuze, Martigny, Parfondeval.

Registre d'inscription des instituteurs et institutrices d'Iviers.

TABLE DES MATIÈRES

www.ingramcontent.com/pod-product-compliance
Ingram Content Group UK Ltd.
Pitfield, Milton Keynes, MK11 3LW, UK
UKHW022346090726
13658UKWH00002B/501